Mrs. Arnold Foster

An English and Chinese Pocket Dictionary

In the Mandarin Dialect

Mrs. Arnold Foster

An English and Chinese Pocket Dictionary
In the Mandarin Dialect

ISBN/EAN: 9783337166106

Printed in Europe, USA, Canada, Australia, Japan

Cover: Foto ©Andreas Hilbeck / pixelio.de

More available books at **www.hansebooks.com**

英華字典

AN

ENGLISH AND CHINESE

POCKET DICTIONARY,

In the Mandarin Dialect.

By Mrs. Arnold Foster.

SHANGHAI:
PRINTED AT THE PRESBYTERIAN MISSION PRESS.
1893.

ERRATA.

Page 5 (line 14) For 'yang read yang'.
„ 8 („ 8) „ 'sz „ sz'.
„ 11 („ 7) „ chu „ ‚chu.
„ 21 („ 6) „ 然果 „ 果然.
„ 34 („ 14) „ ‚nan „ ‚nan.
„ 37 („ 6) „ ‚nien „ ‚nien.
„ 39 („ 18) „ of „ the.

PREFACE.

Most students when beginning to learn the Mandarin dialect must have wished for a small English and Chinese Dictionary, which they could conveniently carry about with them and refer to at will.

Those who possess a copy of the Rev. Justus Doolittle's Vocabulary and Hand-book of the Chinese Language have no doubt found it very useful in their studies, but it is far too large to be carried about for general use. And as he does not mark the tones the beginner will find it comparatively useless unless he has a teacher at hand to give him the correct pronunciation.

The small dictionary 華英字典, photo-lithographed from Kwong Ki-chiu's edition, is a much more convenient volume, but as it contains a mixture of classical phrases and colloquial words belonging to several different dialects it is

Preface.

not a safe guide in learning Mandarin; moreover, as no pronunciation whatever is given it is not of much use to beginners. This little book has been compiled by selecting the most common words given in the Rev. Dr. Chalmers' English and Cantonese Dictionary, to which a few more that seemed needful have been added. Students who are disappointed with the book because it does not contain all the words they want, are requested to remember that it was never intended to be a work of reference for those who had been many years in China, but rather a help for beginners; the number of words has been limited to 3,500, that the book may be printed in good type and yet in a handy form, and that its price may be within the reach of all who are studying the Chinese language.

The characters have been romanized according to Dr. Wells Williams' Syllabic Dictionary of the Chinese Language. The system has been much criticized, and no doubt it is not perfect, but no system will hold good for all Mandarin-speaking districts, and as nearly all

Preface.

students of the dialect use Dr. Williams' dictionary and are accustomed to his spelling, it seemed better to follow that rather than to adopt any less generally known, or than to add yet another to the many systems already in use.

It may be a help to some in remembering the tones and aspirates to note that words in the lower level tone (下 平) are always aspirated, if the initial admits of their being so.

The system of orthography given below is taken from the Introduction to Dr. Williams' dictionary. Where the Hankow pronunciation is decidedly different it is given after the other in brackets.

Vowels.

a as in father.

ă as in quota [many of the words written măng and p'ăng are pronounced mung and p'ung.]

e as in men [eh, when not preceded by i, is pronounced as e in the French word le. In chen, ch'en and shen e is pronounced as a in father.]

Preface.

é as in grey [after ch, j and sh as in the French word le.]

i as in pin.

i final as in machine [chi and chih are pronounced like tsz, ch'i and ch'ih like ts'z, and shi and shih like sz.]

o as in long or as aw in law [in many of the words written hoh, hwoh, koh, k'oh, moh, ngoh, poh, p'oh, and shwoh it is pronounced as e in the French word le.]

u as in put [un is pronounced like uin, in chun, ch'un, jun, shun, and yun.]

u final (or before h) as oo in fool [after l, n, s, t, and ts as eu, after j, ch, and sh as eu or ü.]

ü as in June [as in the French word du.]

Diphthongs.

ai as in aisle.

ao as ow in howl, prolonged.

éi as ey in grey.

eu as ou in souse [more like o in so.]

iai, each letter sounded [as ai.]

iao, each letter sounded.

Preface.

ie as in siesta.
io as yaw in yawn.
iu as ew in pew [as eo in Eolian.]
üe as in duet [as ie.]
ui as ewy in dewy [as éi.]

Consonants.

The consonants are pronounced as in English, but in Hankow ch is often confounded with ts.

h as an initial is a slight guttural, except before i and ü, when it has a sibilant sound easily confounded with sh.

j as in the French jamais [as y or as a soft r.]

[k before i or ü is pronounced like ch.]

l and n are frequently interchanged.

The tones are marked in the usual Chinese manner, thus:—

上平	下平	上聲	去聲	入聲
夫 ˏfu	扶 ˏfu	斧 'fu	父 fu'	福 fuh,

AN ENGLISH AND CHINESE POCKET DICTIONARY

IN THE MANDARIN DIALECT.

A

A or an — 一 yih, (one) after which must be given the appropriate numeral, or classifier, as
 一個人 yih, ko' ₍jǎn, a man.
 一盞燈 yih, 'chan ₍tǎng, a lamp.
 一張紙 yih, ₍chang 'chi, a sheet of paper.
 一隻羊 yih, chih, ₍yang, a sheep.
 一封信 yih, ₍fung sin', a letter.
 一件衣裳 yih, kien' ₍i ₍shang, an article of clothing.
 一顆珍珠 yih, ₍k'o ₍chǎn ₍chu, a pearl.
 一科樹 yih, ₍k'o shu', a tree.
 一支筆 yih, ₍chi pih,, a pencil.
 一塊洋錢 yih, kw'ai' ₍yang ₍ts'ien, a dollar.
 一把刀 yih, ₍pa ₍tao, a knife.
 一本書 yih, 'pǎn ₍shu, a book.

一匹馬 yih, p'ih, 'ma, a horse.
一朵花 yih, 'to ˌhwa, a flower.
一文錢 yih, ˌwăn ˌts'ien, a cash.
一尾魚 yih, 'wéi ˌyü, a fish.

Abacus 算盤 swan' ˌp'an, (to reckon on it) 打算盤 'ta swan' ˌp'an.
Abandon 丟了 ˌtiu 'liao.
Abase 壓倒 yah, 'tao, (one's self) 自卑 tsz' ˌpéi.
Abate 減少 'kien shao', (the price) 減價 'kien kia'.
Abbey (Bud.) 寺 sz', (Tao.) 仙觀 ˌsien ˌkwan, 道觀 tao' ˌkwan, (Rom. Cath.) 修道堂 ˌsiu tao' ˌt'ang.
Abbot (Bud.) 方丈 ˌfang chang', (Tao.) 道長 tao' 'chang.
Abbreviate 減省筆 'kien 'shăng pih,.
Abhor 恨 hăn', 惡 wu'.
Abide 居住 ˌkü chu'.
Ability 才能 ˌts'ai ˌnăng, 能幹 ˌnăng kan', 本事 'păn shi'.
Able 能 ˌnăng, 得 teh, 會 hwui'.
Aboard 船上 ˌchw'en shang', (to go) 下船 hia' ˌchw'en.

Abolish 廢除 féi' ˏch'u, 除去 ˏch'u k'ü'.
Abominable 可惡 'k'o wu', 可恨 'k'o hăn'.
Aborigines 土人 't'u ˏjăn, 本地人 'păn ti' ˏjăn, (of China) 苗子 ˏmiao 'tsz.
Abound 豐盛 ˏfung shing', 處處都有 ch'ü' ch'ü' ˏtu 'yiu.
About 差不多 ˏch'a puh, ˏto, 上下 shang' hia', (round-about) 周圍 ˏcheu ˏwéi, (concerning) 論 lun'.
Above 上 shang', 在上面 tsai' shang' mien'.
Abreast (do walk) 並行 ping' ˏhing.
Abridge 簡畧 'kien lioh, (in writing) 省寫 'shăng 'sié.
Abroad 外 wai', 外頭 wai' ˏt'eu.
Abruptly 突然 tuh, ˏjan, 偶然 ˏngeu ˏjan.
Abscess 膿瘡 ˏnung ˏchw'ang.
Abscond 逃走 ˏt'ao 'tseu, 躱避 'to pi'.
Absent 不在這裏 puh, tsai' ché' 'li, (-minded) 失神 shih, ˏshăn.
Abstain from 戒 kiai'.
Accept 受 sheu', 收納 ˏsheu nah,.
Accidental 意外 i' wai', 不是故意 puh, shi' ku' i'.
Accompany 同行 ˏt'ung ˏhing, 送 sung'.

3

According   *Afraid*

According to 照 chao', 按 ngan'.
Account 賬目 chang' muh, (to take accounts) 算賬 swan' chang'.
Accuse 告 kao'.
Accustomed 慣熟 kwan' shuh,.
Ache 痛 t'ung', (head-ache) 頭疼 ₍t'eu ₍t'ŭng.
Acid 酸 ₍swan.
Acre 畝 'meu (6.10 'meu = 1 English acre).
Acrid 辣 lah,.
Across 橫 ₍hung.
Act 做 tso', 作 tsoh,.
Actions 行為 ₍hing ₍wei.
Actor 戲子 hi' 'tsz.
Add 加 ₍kia, 添 ₍t'ien.
Address 稱呼 ₍ch'ing ₍hu, (a letter) 寫信面 'sié sin' mien'.
Admit 准他進來 'chun ₍t'a tsin' ₍lai.
Adopt (a child) 立繼子 lih, i' 'tsz.
Adultery 姦淫 ₍kien ₍yin.
Advantage 益處 yih, 'ch'u.
Adverse 凶 ₍hiüng, (wind) 逆風 nih, ₍fung.
Advise 勸 k'üen'.
Afraid 怕 p'a'.

Afternoon 下午 hia' ,wu, 下半天 hia' pan' ,t'ien.
Afterwards 後來 heu' ,lai.
Again 再 tsai', 叉 yiu'.
Against 相反 ,siang 'fan, 對面 tui' mien'.
Age 年紀 ,nien 'ki, (What is your?) 貴庚 kwei' ,kăng, (to a child) 你幾歲 'ni ki' sui'.
Agree 合 hoh, 對 tui'.
Agreement 約 yoh,.
Aground 擱淺 koh, 'ts'ien.
Ague 時冷時熱 ,shi 'lăng ,shi jeh,.
Air (s.) 氣 k'i'.
Air (v.) (a room) 透亮 t'eu' liang', (clothes) 晾 liang', (in the sun) 曬 shai'.
Alike 像 siang', 一樣 yih, 'yang.
Alive 活的 hwoh, tih, 在 tsai'.
All 皆 ,kiai, 都 ,tu.
Allow 准 'chun, 許 'hü.
Almanac 通書 ,t'ung ,shu.
Almond 杏仁 hing' ,jăn.
Almost 差不多 ,ch'a puh, ,to.
Alms (to give) 施捨 ,shi 'shé.
Alone 孤獨 ,ku tuh,.
Already 已經 'i ,king.

Also 還 ₍hwan, 又 yiu'.
Altar 祭壇 tsi' ₍t'an, (for incense) 香壇 ₍hiang ₍t'an.
Alternately 輪流 ₍lun ₍liu.
Although 雖然 ₍siu ₍jan.
Altogether 一齊 yih, ₍ts'i.
Alum 白礬 poh, ₍fan, 明礬 ₍ming ₍fan.
Always 常常 ₍shang ₍shang.
America 亞美利加 ya' 'méi li' ₍kia, (The United States) 大美國 ta' 'mei kwoh, 花旗國 ₍Hwa ₍k'i kwoh,.
Amoy 厦門 Hia' ₍măn.
Amusement 頑耍 ₍wan 'sha.
Ancestor 祖宗 'tsu ₍tsung.
Ancestral tablet 神主牌 ₍shăn 'chu ₍p'ai.
Anchor (s.) 錨 ₍mao.
Anchor (v.) 灣 ₍wan.
Ancient 古 ku'.
And 並 ping', 和 ₍hwo.
Angel 天使 ₍t'ien shi'.
Anger 怒 nu', 氣 k'i'.
Angry 發怒 fah, nu', 發氣 fah, k'i'.
Animals 走獸 'tseu sheu', 畜生 ch'uh, ₍shăng.

6

Ankle 螺絲骨 ₍lo ₍sz kuh₎.
Annoy 煩擾 ₍fan 'jao, 吵煩 'ch'ao ₍fan.
Another 別個 pieh, ko', 別的 pieh, tih,.
Answer 答應 tah, ying', (by letter) 回信 ₍hwui sin'.
Ant 螞蟻 'ma 'i.
Anxious 掛慮 kwa' lü'.
Apologize 認錯 jăng' ts'o', 賠禮 ₍p'éi 'li.
Apostle 使徒 shi' ₍t'u.
Apparition 怪物 kwai' wuh,.
Appear 顯現 'hien hien'.
Appearance 容貌 ₍yung mao', 形貌 ₍hing mao'.
Appetite 胃口 wéi' 'k'eu.
Apple 平菓 ₍p'ing 'kwo, (small) 花紅 ₍hwa ₍hung.
Apprentice 徒弟 ₍t'u ti', 小官 'siao ₍kwan.
Approach 近就 kin' tsiu'.
Apron 圍裙 ₍wéi ₍k'iün.
Arch 彎 ₍wan.
Argue 辯駁 pien' poh,.
Arithmetic 算法 swan' fah,.
Arm 膀子 'pang 'tsz.
Armour 甲冑 kiah, cheu'.
Army 三軍 ₍san ₍kiün.

7

Around 周圍 ₍cheu ₍wéi.
Arouse 醒 'sing.
Arrange 安排 ₍ngan ₍p'ai.
Arrive 來到 ₍lai tao'.
Arrow 箭 tsien'.
Arrow-root 藕粉 'ngeu 'făn.
Artisan 工匠 ₍kung tsiang'.
As 如 ₍jü, 好似 'hao 'sz. As you please 隨心 ₍sui ₍sin.
Ascend 上去 'shang k'ü', 升 ₍shing, 登 ₍tăng.
Ascertain 查明 ₍ch'a ₍ming.
Ashamed 羞愧 ₍siu kwéi'.
Ashes 灰 ₍hwui.
Ashore 岸上 ngan' shang', (To go) 上岸 'shang ngan'.
Ask 問 wăn', (To invite) 請 'ts'ing, (To beg for) 求 ₍k'iu.
Asleep 睡着 shui' choh₍.
Assemble 聚集 tsü' tsih₍ 聚會 tsü' hwui'.
Assistant 二手 rh' 'sheu, 副 fu'.
Astronomy 天文 ₍t'ien ₍wăn.
Asylum 院 yuen', (A foundling house) 育嬰堂 yuh₍ ₍ying ₍t'ang.

At 在 tsai', 如 ‚jü, (At last) 究竟 kiu' 'king.
Atmosphere 天氣 ‚t'ien k'i'.
Atone 贖罪 shuh, tsui'.
Attack 攻打 ‚kung 'ta.
Attentive 用心 yung' ‚sin.
Auction 投賣 ‚t'eu mai'.
Aunt (paternal) 姑母 ‚ku 'mu, (maternal) 姨母 ‚i 'mu.
Auspicious 吉 kih, (omen) 好兆 'hao chao'.
Authority 權柄 ‚kü'en ping'.
Autumn 秋天 ‚ts'iu ‚t'ien.
Avaricious 貪婪 ‚t'an ‚lan.
Avenge 報仇 pao' ‚ch'eu.
Avoid 躲避 'to péi', 免得 'mien teh‚.
Away 去了 k'ü' 'liao.
Axe 斧頭 'fu ‚t'eu.

B

Baby 嬰孩 ‚ying ‚hai, 毛頭 ‚mao ‚t'eu.
Back 背 péi', 背脊 péi' tsih‚.
Bad 不好 puh‚ 'hao, 歹 'tai, 醜 ch'eu', 要不得 yao' puh‚ teh‚.

Bag 口袋 'k'eu tai'.
Baggage 行李 ‚hing 'li.
Bake 烘 ‚hung.
Ball 毬 ‚k'iu, (to play) 打毬 'ta ‚k'iu.
Bamboo 竹 chuh‚.
Banana 芭蕉 ‚pa ‚tsiao.
Bank (of a river) 河岸 ‚ho ngan', (for money) 銀行 ‚yin ‚hang.
Baptism 洗禮 'si 'li, (to receive) 受洗 sheu' 'si.
Baptize 施洗 ‚shi 'si.
Bar (s.) 杠子 ‚kang 'tsz, 門閂 ‚măn ‚shwan.
Bar (v.) (a door) 閂門 ‚shwan ‚măn.
Bark (s.) 樹皮 shu' ‚p'i.
Barley 大麥 ta' meh‚.
Barometer 風雨針 ‚fung 'yü ‚chăn.
Barrier 關閘 ‚kwan chah‚ (Customs') 卡子 tsah‚ 'tsz.
Barrow 手車 'sheu ‚ch'é.
Bashful 不好意思 puh‚ 'hao i' ‚sz.
Basin 盆子 ‚p'ăn 'tsz, (small) 碗 'wan.
Basket (small) 籃子 ‚lan 'tsz, (large) 籮筐 loh‚ ‚kw'ang.
Bat 飛鼠 ‚féi 'shu.

Bath 洗澡盆 'si 'tsao ,p'ǎn.
Bathe 洗澡 'si 'tsao.
Battle 打仗 'ta chang'.
Bay 灣 ,wan.
Be 是 shi', (be in) 在 tsai'.
Beach 海邊 'hai ,pien.
Bead 珠子 ,chu 'tsz, (A string of beads) 一串珠 yih, chw'en' ,chu.
Beak 嘴 'tsui.
Bean-curd 豆腐 teu' fu'.
Beans 蠶豆 ,ts'an teu', (French) 豆角 teu' koh,.
Bear (s.) 熊 ,hiüng.
Bear (v.) (carry) 擔 ,tan, 擡 ,t'ai, (endure) 受 sheu', (give birth to) 生 ,shǎng.
Beard 鬍子 ,hu 'tsz.
Bearer (chair-) 轎夫 kiao' ,fu.
Beat 打 'ta.
Beautiful 美 'méi, 好看 'hao k'an'.
Because 因爲 ,yin ,wéi.
Become 成爲 ,ch'ing, ,wéi.
Bed 牀 ,chw'ang, (To go to bed) 上牀 'shang ,chw'ang.
Bedding 牀鋪 ,chw'ang ,p'u, 鋪蓋 ,p'u kai'.

Bedroom 臥房 ngo' ₍fang.
Bee 蜜蜂 mih, ₍fung.
Bee-hive 蜂桶 ₍fung 't'ung, 蜂房 ₍fung ₍fang.
Beef 牛肉 ₍niu juh,.
Beetroot 紅菜頭 ₍hung ts'ai' ₍t'eu.
Beetle 黑殼蟲 hoh, k'ioh, ₍ch'ung.
Before 先 ₍sien, 前 ₍ts'ien.
Beg 討 't'ao, 求 ₍k'iu.
Beggar 討飯的 't'ao fan' tih, 花子 ₍hwa 'tsz.
Begin 起頭 'k'i ₍t'eu, 開手 ₍k'ai 'sheu.
Beginning 起初 'k'i ₍ch'u, 起頭 'k'i ₍t'eu.
Behaviour 品行 'p'in hing'.
Behead 斬頭 'chan ₍t'eu, 殺頭 shah, ₍t'eu.
Behind 後頭 heu' ₍t'eu.
Believe 信 sin', 相信 ₍siang sin'.
Bell 鐘 ₍chung, 鈴 ₍ling.
Below 下 hia', 底下 'ti hia'.
Bend 彎曲 ₍wan k'üh,.
Benefit 盆處 yih, ch'u', 利 li'.
Benevolence 仁 ₍jăn, 仁德 ₍jăn teh,.
Bequeath 遺下 ₍i hia', 留落 ₍liu loh,.
Besides 另外 ling' wai'.
Best 頂好 'ting 'hao.

Bet 賭 'tu.
Betelnut 檳榔 ‚pin ‚lang.
Betroth 聘定 p'ing' ting', 定親 ting' ‚ts'in, (a girl) 許配 'hü p'ei'.
Better 更好 käng' 'hao, 好些 'hao ‚sié.
Between 中間 ‚chung ‚kien, 之中 ‚chi ‚chung.
Bewail 哀哭 ‚ngai k'uh‚.
Beware 謹愼 'kin shăn', 戒 kiai'.
Bewildered 迷了 ‚méi 'liao, 暈迷了 yun' ‚méi 'liao.
Beyond 之外 ‚chi wai', (To go) 過 kwo'.
Bible 聖經 shing' ‚king.
Bill 賬目 chang' muh, 單子 ‚tan 'tsz, (of a bird) 嘴 'tsui.
Bind 捆 'kw'un, 綁 'pang, 纏 ‚ch'en, (books) 釘 ‚ting.
Bird 雀鳥 tsioh, 'niao, 雀子 ts'ioh, 'tsz.
Birds' nests (edible) 燕窩 yen' ‚wo.
Birthday 生日 ‚shăng jeh‚.
Biscuit 餅乾 'ping ‚kan.
Bite (v.) 咬 'ngao.
Bitter 苦 'k'u.
Black 黑 hoh‚.
Blacking 鞋墨 ‚hiai moh‚.
Blacksmith 鐵匠 t'ieh, tsiang'.

Blame (v.) 怪 kwai', 責備 tseh, pi'.
Blanket 氈子 ₍chen 'tsz.
Bleach 漂白 ₍p'iao pŏh₎.
Bleed 流血 ₍liu hüeh₎.
Bless 祝福 chuh, fuh₎.
Blind (bamboo) 簾子 ₍lien 'tsz.
Blind (not seeing) 瞎子 hiah, 'tsz, 瞎了眼的 hiah, 'liao 'yen tih₎.
Blister 水泡 'shui p'ao'.
Blood 血 hüeh₎.
Blot (v.) 塗了 ₍t'u 'liao, 污了 ₍wu 'liao, (out) 抹掉了 moh, tiao' 'liao.
Blow (s.) 打 'ta.
Blow (v.) 吹 ₍ch'ui.
Blue 藍 ₍lan, (azure) 青 ₍ts'ing.
Blunt 不快 puh, kw'ai', 鈍 tun'.
Blush 發紅 fah, ₍hung, 紅漲了臉 ₍hung chang' 'liao 'lien.
Board 板子 'pan 'tsz, (department) 部 pu'.
Boat 划子 ₍hwa 'tsz, 船 ₍chw'en. A ferry boat 渡船 tu' ₍chw'en.
Body 身體 ₍shăn 't'i.
Boil (v.) 煮 'chu, 烹 ₍p'ăng.

Boiling 滾 'kwun, (water) 開水 ‚k'ai 'shui.
Boils 瘡 ‚chw'ang.
Bold 大膽 ta' 'tan.
Bone 骨頭 kuh, ‚t'eu.
Book 書 ‚shu.
Boots 靴子 ‚hüé 'tsz.
Born 生 ‚shăng.
Borrow 借 tsiĕ'.
Bother 吵煩 'ch'ao ‚fan.
Bottle 瓶子 ‚p'ing 'tsz.
Bottom 底 'ti.
Bow (s.) 弓 ‚kung.
Bow (v.) 打恭 'ta ‚kung, 作揖 tsoh, yih,.
Bowels 腸 ‚ch'ang.
Bowl 碗 'wan.
Box 箱子 ‚siang 'tsz, (small) 盒子 hoh, 'tsz.
Boy 孩子 ‚hai 'tsz, (servant) 小厮 'siao ‚sz.
Bracelet 手釧 'sheu chw'en', 梗子 'kăng 'tsz.
Braid (s.) 欄杆 ‚lan ‚kan.
Braid (v.) 編 ‚pien.
Brains 腦 'nao.
Branch 枝子 ‚chi 'tsz.
Brass 銅 ‚t'ung, 黃銅 ‚hwang ‚t'ung.

Brave 勇 'yung.
Bread 麵包 mien' ͵pao, 饅頭 ͵man ͵t'eu.
Break 打爛 'ta lau', 打破 'ta p'o', (off) 斷 twan'.
Breakfast 早飯 'tsao fan'.
Breast 胸 ͵hiung.
Breath 口氣 'k'eu k'i'.
Breathe 呼吸 ͵hu hih, (out) 吹氣 ͵ch'ui k'i'.
Bribe 賄賂 'hwui lu'.
Brick 磚頭 ͵chwen ͵t'eu.
Bricklayer 泥瓦匠 ͵ni 'wa tsiang'.
Bride 新婦 ͵sin 'fu, 新姑娘 ͵sin ͵ku ͵niang.
Bridegroom 新郎 ͵sin ͵lang.
Bridge 橋 ͵k'iao.
Bridle 馬韁繩 'ma ͵kiang ͵shing.
Bright 光明 ͵kwang ͵ming.
Bring 拿來 ͵na ͵lai, 帶來 tai' ͵lai.
Brink 邊 ͵pien.
Broad 寬 ͵kw'an.
Broom 掃把 sao' 'pa, 笤箒 ͵t'iao 'cheu, (feather) 鷄毛箒 ͵ki ͵mao 'cheu.
Brother 弟兄 ti' ͵hiüng, (elder) 哥哥 ͵ko ͵ko, (younger) 兄弟 ͵hiüng ti'.

16

Brother-in-law (a wife's elder brother) 舅兄 kiu' ͵hiüng, (younger) 內弟 néi' ti', (a husband's elder brother) 大伯 ta' poh, 二伯 'rh' poh, (younger) 叔子 shuh͵ 'tsz, (a sister's husband) 姐夫 'tsié ͵fu, 妹夫 méi' ͵fu.
Brown 棕色 ͵tsung seh͵.
Brush (s.) 刷子 swah͵ 'tsz, 掃箒 sao' 'cheu.
Brush (v.) 刷 swah͵.
Bubble 水泡 'shui p'ao'.
Bucket 水桶 'shui 't'ung.
Bud (s) 芽 ͵ya.
Bud (v.) 發芽 fah͵ ͵ya.
Buddha 佛爺 Fuh͵ ͵yé.
Buddhism 佛教 Fuh͵ kiao'.
Buffalo 水牛 'shui ͵niu.
Bug 木虱 muh͵ seh͵.
Build 蓋 kai', 起 'k'i, 建造 kien' tsao'.
Bulb 花兜 ͵hwa ͵teu.
Bullet 彈子 tan' 'tsz.
Bundle 包兒 ͵pao ͵'rh.
Burden 擔頭 tan' ͵t'eu, 擔子 tan' 'tsz.
Burn (v.) 燒 ͵shao.
Burnt 燒壞了 ͵shao hwai' 'liao.

Bury 葬 tsang', 埋 ₍mai.
Business 事 shi', (trade) 生意 ₍shăng i'.
Busy 有事 'yiu shi', 忙 ₍mang.
But 但 tan'.
Butter 牛油 ₍niu ₍yiu, 奶油 'nai ₍yiu.
Butterfly 蝴蝶 ₍hu tieh₍.
Button (s.) 釦子 k'eu' 'tsz, 鈕子 'niu 'tsz, (on a cap) 帽頂子 mao' 'ting 'tsz, 帽鉈 mao' ₍t'o.
Button (v.) 扣釦子 k'eu' k'eu' 'tsz.
Button-hole 扣子 k'eu' 'tsz.
Buy 買 'mai.
By 用 yung', 以 'i, 從 ₍ts'ung.
By and bye 慢慢 man' man'.

C

Cabbage 白菜 poh, ts'ai'.
Cage 籠 ₍lung.
Cake 餅子 'ping 'tsz, (sponge-cake) 雞蛋糕 ₍ki tan' ₍kao.
Calamity 災 ₍tsai, 災難 ₍tsai ₍nan.
Calculate 算 suan'.
Calendar 皇曆圖 ₍hwang lih, ₍t'u, 月分牌 yueh, făn' ₍p'ai.

Calico 白洋布 poh, ˳yang pu'.
Call 叫 kiao', 喊 han'.
Calm 安靜 ˳ngan tsing'.
Camel 駱駝 loh, ˳t'o.
Camellia 茶花 ˳ch'a ˳hwa.
Camphor (wood) 樟木 ˳chang muh, (gum) 樟腦 ˳chang 'nao, 潮腦 ˳ch'ao 'nao.
Can 能夠 ˳năng keu', 做得 tso' teh˳.
Canal 水道 'shui tao', (the great) 運河 yun' ˳ho.
Candle 燭 chuh, 蠟燭 lah, chuh˳.
Candlestick 燭臺 chuh, ˳t'ai.
Candy 冰糖 ˳ping ˳t'ang.
Cane (s.) 棍子 kwun' 'tsz, (rattan) 籐子 ˳t'ăng 'tsz, (sugar cane) 甘蔗 ˳kan ché'.
Cangue 枷 ˳kia.
Cannon 大炮 ta' p'ao'.
Canton 廣東 'Kwang ˳tung.
Capital (city) 京都 ˳king ˳tu, 京城 ˳king ˳ch'ing, (money) 本錢 'păn ˳ts'ien.
Captain 船主 ˳chw'en 'chu.
Captive (taken) 被虜的 pi' 'lu tih˳.
Card (visiting) 拜帖 pai' t'ieh, 片子 p'ien' 'tsz, (playing) 紙牌 'chi ˳p'ai.

Cardinal points 四方 sz' ₍fang.
Care 掛慮 kwa' lü'.
Careful 小心 siao' ₍sin, 仔細 'tsz si'.
Cargo 船貨 ₍chw'en hwo'.
Carpenter 木匠 muh, tsiang'.
Carpet 地氈 ti' ₍chen.
Carriage 車 ₍ch'é, 馬車 'ma ₍ch'é.
Carrot 紅蘿蔔 ₍hung ₍lo ₍p'u.
Carry 挑 ₍t'iao, 擔 ₍tan, 抬 ₍t'ai, (in the arms) 抱 pao', (about one) 帶 tai'.
Cart 車 ₍ch'é, (ox-cart) 牛車 ₍niu ₍ch'é.
Cash 錢 ₍ts'ien.
Cassia 桂 kwéi'.
Castor oil 蓖蔴油 ₍péi ₍ma ₍yiu.
Cat 猫子 ₍mao 'tsz.
Catch 捉 choh, 拿 ₍na, (disease) 染病 'jan ping'.
Catechism 問答書 wăn' tah, ₍shu.
Caterpillar 蟲 ₍ch'ung, 螟蛉 ₍ming ˳ling.
Cattle 畜生 ch'uh, shăng.
Cauliflower 花菜 ₍hwa ts'ai'.
Cause (s.) 緣故 ₍yüen ku'.
Cause (v.) 使 'shi, 叫 kiao'.
Cautious 謹愼 'kin 'shăn.

Cave 山穴 ₍shan hüeh, 山洞 ₍shan tung'.
Celery 芹菜 ₍k'in ts'ai'.
Centipede 蜈蚣 ₍wu ₍kung.
Centre 中 ₍chung, 正中 ching' ₍chung, 心 ₍sin.
Ceremony 禮 'li.
Certainly 必定 pih, ting', 然果 kwo' ₍jan.
Chain 鍊 lien'.
Chair 椅子 'i 'tsz, (sedan-) 轎子 kiao' 'tsz.
Chair-bearer 轎夫 kiao' ₍fu.
Change 改 'kai, 變 pien', 換 hwan', (dollars into cash) 換錢 hwan' ₍ts'ien.
Chant (prayers) 念經 nien' ₍king.
Chapel 禮拜堂 'li pai' ₍t'ang, 福音堂 fuh, ₍yin ₍t'ang.
Chapter 章 ₍chang.
Character 品行 'p'in hing', (letter) 字 tsz'.
Charcoal 炭 t'an'.
Charm (s.) 符 ₍fu, (to write a) 畫符 hwa' ₍fu, (to recite a) 念符咒 nien' ₍fu cheu'.
Chaste 貞節 ₍ching tsieh,.
Cheap 便宜 ₍p'ien i', 不貴 puh, kwéi', 賤 tsien'.
Cheat 哄騙 'hung p'ien', 欺騙 ₍k'i p'ien'.
Check 腮 ₍sai.

Cheese 牛奶餅 ˌniu ʻnai ʻping.
Cheque 銀單 ˌyin ˌtan.
Cherry 櫻桃 ˌying ˌtʻao.
Chess 象棋 siang' ˌkʻi, (-board) 棋盤 ˌkʻi ˌpʻan, (-men) 棋子 ˌkʻi ʻtsz, (to play) 下棋 hia, ˌkʻi.
Chestnut 風栗 ˌfung lih,.
Chicken 小鷄子 siao' ˌki ʻtsz.
Chief 主 ˈchu, 頭目 ˌtʻeu muh,.
Chiefly 大概 ta' kai'.
Child 孩子 ˌhai ʻtsz, 小孩 siao' ˌya.
Chimney 烟筒 ˌyen ˌtʻung.
Chin 下爬 hia' ˌpʻa.
China 中國 ˌChung kwoh,.
Chisel 鑿 tsoh,.
Choke 哽 ʻkăng.
Cholera 攪腸沙 ʻkiao ˌchʻang ˌsha.
Choose 揀選 ʻkien ʻsüen.
Chopsticks 箸 chu', 快子 kwʻai' ʻtsz.
Chops (mutton-) 羊牌骨 ˌyang ˌpʻai kuh,.
Christ 基督 ˌKi tuh,.
Christian 信耶穌的人 sin' ˌYe ˌsu tih, ˌjăn.
Christianity 耶穌教 ˌYe ˌsu kiao'.
Church 教會 kiao' hwui'.

Cigar 呂宋烟 'Lü sung',yen.
Cinnamon 肉桂 juh, kwéi'.
Circle 圈 ,k'üen.
Circular (s.) 告帖 kao' t'ieh,.
Circumstances 光景 ,kwang 'king.
Citron 佛手 fuh, 'sheu.
City 城 ,ch'ing.
Civilize 敎化 kiao' hwa'.
Clap (v.) 拍手 p'oh, 'sheu.
Class 類 léi', 等 'tăng, (in school) 班 ,pan.
Classic 紅 ,king.
Claw 爪 'chao.
Clean 乾淨 ,kan tsing'.
Clear 清 ,ts'ing, 明 ,ming, (clear sky) 天晴 ,t'ien ,ts'ing.
Clever 聰明 ,ts'ung ,ming, 有本事 'yiu 'păn shi', 巧 'k'iao.
Climate 水土 'shui 't'u.
Climb 攀上 ,p'an 'shang.
Clock 鐘 ,chung, 時辰鐘 ,shi ,shăn ,chung, (one o'clock) 一點鐘 yih, 'tien ,chung.
Close (together) 密 mih, (near) 近 kin'.
Cloth (cotton) 布 pu', (woollen) 絨 ,jung 呢 ,ni.

Clothe (v.) 穿 ₍chw'en.
Clothes 衣裳 ₍i ₍shang, 衣服 ₍i fuh₎.
Cloud 雲 ₍yun.
Cloudy 陰天 ₍yin ₍t'ien.
Club-room 會館 hwui' 'kwan.
Coal 煤炭 ₍méi t'an', (soft coal) 烟煤 ₍yen ₍méi, (anthracite) 白煤 poh, ₍méi.
Coarse 粗 ₍ts'u.
Coast 海邊 'hai ₍pien.
Cocoa-nut 椰子 ₍yé 'tsz.
Coffin 棺材 ₍kwan ₍ts'ai.
Cold 冷 'lăng, 塞 ₍han, (to take) 傷風 ₍shang ₍fung.
Collar 領 'ling.
Collision 相撞 ₍siang p'ăng'.
Colloquial 俗話 tsuh, hwa', 土話 't'u hwa'.
Colour 顏色 ₍yen seh,.
Comb (s.) 梳子 ₍shu 'tsz.
Comb (v.) 梳 ₍shu.
Combine 和合 ₍hwo hoh,.
Come 來 ₍lai.
Comet 掃箒星 sao' 'cheu ₍sing.
Comfort 安慰 ₍ngan wéi'.

Comfortable 安樂 ₍ngan loh₎
Comical 好笑 'hao siao'.
Command 吩咐 ₍fǎn fu'.
Commandment 誡命 kiai' ming'.
Commence 開手 ₍k'ai 'sheu, 起頭 'k'i ₍t'eu.
Commentary 註解 chu' 'kiai.
Commerce 貿易 meu' yih₎
Common (public) 公 ₍kung₎ (usual) 平常 ₍p'ing ₍shang, (vulgar) 俗 tsuh₎
Communion 相通 ₍siang ₍t'ung, 心交 ₍sin ₍kiao, (the Lord's Supper) 聖餐 shing' ₍ts'an.
Companion 同伴 ₍t'ung pan'.
Compare 比較 'pi kiao'.
Compass (s.) 羅盤 ₍lo ₍p'an₎ 指南針 'chi ₍nan ₍chǎn.
Compassion 慈悲 ₍ts'z ₍péi.
Compel 勉強 'mien 'k'iang.
Complain 埋怨 ₍mai yuen'.
Completely 全 ₍ts'üen.
Comply 依從 ₍i ₍ts'ung.
Comprador 買辦 'mai pan'.
Comrade 夥計 'hwo ki'.
Conceal 藏匿 ₍ts'ang nih₎

Conceive 懷孕 ₍hwai yiu', (think) 想 'siang.
Concubine 妾 ts'ieh,
Condemn 定罪 ting' tsui'.
Condole 弔慰 tiao' wéi'.
Conduct 行爲 ₍hing ₍wéi.
Confess 認 jŭn', (a mistake) 賠不是 ₍p'éi puh, shi'.
Confucius 孔夫子 'K'ung ₍fu 'tsz.
Confucianism 儒教 ₍jü kiao'.
Confused 亂了 lwan' 'liao.
Congee 粥 chuh,
Congratulate 恭喜 ₍kung 'hi.
Connect 接 tsieh,
Conquer 勝過 shing' kwo', 贏 ₍ying.
Conscience 良心 ₍liang ₍sin.
Conscious 自覺 tsz' kioh,
Consent 允 'yun, 准 'chun.
Consequence 關系 ₍kwan hi'.
Consider 思想 ₍sz 'siang.
Constant 恒 ₍hăng, 常常 ₍shang ₍shang.
Constipation 大便不通 ta' pien' puh, ₍t'ung.
Consul 領事官 'ling shi' ₍kwan, 領事府 'ling shi' 'fu.

Consult 商量 ₍shang liang'.
Consumption (pulmonary) 勞病 ₍lao ping'.
Contagious 傳染的 ₍chw'en 'jan tih₎
Contempt 藐視 'miao shi'.
Content 安分 ₍ngan 'făn, 知足 ₍chi tsuh,
Continually 不歇 puh, hieh, 常久 ₍shang 'kiu.
Contract (v.) 立約 lib, yoh, 寫約 'sié yoh,
Contradict 辨駁 pien' poh,
Contrary 逆 nih, 相反 ₍siang 'fan.
Contribute (money) 捐錢 ₍küen ₍ts'ien.
Convenient 方便 ₍fang pien'.
Converse 談 ₍t'an, 談論 ₍t'an lun'.
Convert (v.) 感化 'kan hwa'.
Cook (s.) 廚子 ₍ch'u 'tsz (usually called 大師傅 ta' ₍sz fu'.)
Cook (v.) 煮 'chu, (rice) 弄飯 lung' fan'.
Cooked 煮熟 'chu shuh,
Cool 凉 ₍liang.
Coolie 出店 ch'uh, tien', (street-) 挑夫 ₍t'iao ₍fu, (chair-) 轎夫 kiao' ₍fu.
Copper 銅 ₍t'ung.
Copy (s.) 稿子 'kao 'tsz, (slips) 格子 koh, 'tsz, 引本 'yin 'păn.

Copy (v.) 抄寫 ,ch'ao 'sié.
Core 心 ,sin.
Corea 高麗 ,Kao li', 朝鮮 ,Chao ,sien.
Cork (s.) 枳子 cheu' 'tsz.
Cork (v.) 築倒 chuh, 'tao.
Corkscrew 鑽子 tswan' 'tsz.
Corn 穀 kuh, 禾 ,hwo, (on the foot) 鷄眼 ,ki 'yen.
Corner 角 kioh,
Corpse 屍首 ,shi 'sheu.
Correct (adj.) 不錯 puh, ts'o'.
Correct (v.) 改正 'kai ching'.
Cost (s.) 價錢 kia' ,ts'ien.
Cotton (raw) 棉花 ,mien ,hwa, (yarn) 棉紗 ,mien ,sha, (cloth) 布 pu'.
Cough 咳嗽 k'oh, seu'.
Count (v.) 算 swan', 數 'shu.
Counterfeit 假的 'kia tih,
Country 國 kwoh, (the) 鄉下 ,hiang 'hia.
Couplet 對子 tui' 'tsz.
Courageous 大膽 ta' 'tan.
Course (Of) 自然 tsz' ,jan.
Courtyard 天井 ,t'ien 'tsing.

Cousin 叔伯弟兄 shuh, poh, ti' ₍hiüng, 堂兄弟 ₍t'ang ₍hiüng ti', 堂姊妹 ₍t'ang 'tsz méi', (of another surname) 表兄弟 'piao ₍hiüng ti', 表姊妹 'piao 'tsz méi'.
Covenant 約 yoh,
Cover (v.) 遮蓋 ₍ché kai', (put the cover over it) 蓋上蓋子 kai' shang' kai' 'tsz.
Coverlet 鋪蓋 ₍p'u kai'.
Covet 貪 ₍t'an, 貪婪 ₍t'an ₍lan.
Covetous 貪心 ₍t'an ₍sin.
Cow 牛母 ₍niu 'mu.
Crab 蟹 'hiai, 螃蟹 ₍p'ang 'hiai.
Crack (v.) 裂開 lieh, ₍k'ai, (cracked) 裂了 lieh, 'liao.
Crackers 爆竹 pao' chuh, 鞭 ₍pien, (to let off) 放爆 fang' pao'.
Crane 鶴 hoh,
Crawl 爬 ₍p'a.
Create 創造 chw'ang' tsao', 造化 tsao' hwa'.
Credit 信 sin', (to buy or sell on) 賒 ₍shé.
Creditor 債主 chai' 'chu.
Criminal 罪人 tsui' ₍jăn.
Cripple 跛子 'po 'tsz.

| Crooked | Curtain |

Crooked 彎曲 ‚wan k'üh,

Cross (s.) 十字架 shih, tsz' 'kia.

Cross (v.) 過 kwo', (cross-wise) 橫 ‚hung.

Crow (s.) 烏鴉 ‚wu ‚ya, 老鴉 'lao ‚ya.

Crowd (s.) 衆人 chung' ‚jăn.

Crowd (v.) 擁擠 'yung ‚tsi.

Crown (s.) 冠冕 ‚kwan 'mien.

Crucify 釘在十字架上 ‚ting tsai' shih, tsz' 'kia shang'.

Cruel 殘忍 ‚ts'an 'jăn.

Crush 壓壞 yah, hwai'.

Crust 皮 ‚p'i.

Cry (v.) 哭 k'uh,

Cucumber 黃瓜 ‚hwang ‚kwa.

Cultivate 耕種 ‚kăng chung', 耕田 ‚kăng ‚t'ien.

Cup 盃子 ‚péi 'tsz, 碗 'wan.

Cupboard 櫃子 kwéi' 'tsz.

Cure 醫好 ‚i 'hao.

Current (s.) 水流 'shui ‚liu.

Curse 呪罵 cheu' ma', 咒詛 cheu' 'chu.

Curtain 帳子 chang' 'tsz, (mosquito) 蚊帳 ‚wăn chang'.

Cushion 褥子 juh, 'tsz, (for a chair) 椅墊 'i tien', (to kneel on) 拜墊 pai' tien'.

Custom 規矩 ˌkwéi 'kü, 風俗 ˌfung suh, (tribute) 稅 shui', (custom-house) 稅館 shui' 'kwan.

Cut 割 koh, 切 ts'ieh, (with scissors) 翦 'tsien, (off) 斬 'chan, (down) 砍 k'an.

Cycle 化甲 hwa' kiah,

D

Daily 每天 'méi ˌt'ien, 天天 ˌt'ien ˌt'ien.
Damp 濕了 shih, 'liao.
Dance 跳舞 ˌt'iao 'wu.
Danger 危險 ˌwéi 'hien.
Dare 敢 'kan.
Dark 黑暗 hoh, ngan', (colour) 深 ˌshăn.
Dates 棗子 'tsao 'tsz.
Daughter 女兒 'nü ˌrh, (-in-law) 媳婦 sih, 'fu.
Day 日 jeh, 天 ˌt'ien, (and night) 晝夜 cheu' yé'.
Dead 死了 'sz 'liao, 過身 kwo' ˌshăn, 不在 puh, tsai'.
Deaf 聾了 ˌlung 'liao, (man) 聾子 ˌlung 'tsz.
Deal (wood) 杉木 ˌshan muh,

31

Dear (expensive) 貴 kwéi'.
Death 死 'sz, 亡 ˏwang.
Debt 債 chai'.
Debtor 欠債的 k'ien' chai' tih,
Decayed 衰了 ˏshwai 'liao, 壞了 hwai' 'liao.
Deceive 瞞 ˏman, 哄 'hung, 欺 ˏk'i.
Decide 定意 ting' i'.
Decrease 減少 'kien 'shao.
Deduct 減 'kien, 扣 k'eu'.
Deeds 契 k'i'.
Deep 深 ˏshăn.
Deer 鹿 luh,
Defeat (v.) 打敗 'ta pai', 打贏 'ta ˏying.
Defend 保護 'pao hu'.
Definite 定然 ting' ˏjan.
Degree 等 'tăng.
Delay 耽 ˏtan, 耽擱 ˏtan koh, 延遲 ˏyen ˏch'i.
Delicate 柔弱 ˏjeu joh,
Delight 歡喜 ˏhwan 'hi.
Deliver 救 kiu', (up) 交 ˏkiao, (over to) 解 kiai'.
Delude 迷惑 ˏmi hwoh,
Demon 鬼 'kwéi.
Den 穴 hüeh, 洞 tung'.

Deny 不認 puh, jǎn', (one's self) 克己 k'oh, 'ki.
Depart 去 k'ü', 離 ‚li.
Depend on 靠 k'ao', 倚賴 'i lai'.
Depraved 邪 ‚sié.
Deride 戲笑 hi' siao'.
Descend 降下 kiang' hia'.
Desert (s.) 曠野 kw'ang' 'yé.
Desert (v.) 捨 'shé, 丟了 ‚tiu 'liao.
Desire 願 yuen', 要 yao'.
Desist 罷了 pa' 'liao, 止息 'chi sih,
Desk 寫字臺 'sié tsz' ‚t'ai, (writing case) 書箱 ‚shu ‚siang.
Desolate 荒蕪 ‚hwang ‚wu, (and alone) 冷淡 'lǎng tan'.
Despair 失望 shih, wang', 絕望 tsüeh, wang'.
Despise 藐視 'miao shi', 看輕 k'an' ‚k'ing.
Destiny 命 ming'.
Destroy 敗壞 pai' hwai'.
Determine 定志 ting' chi'.
Devil 魔鬼 ‚mo 'kwéi.
Dew 露水 lu' 'shui.
Diagrams (the eight) 八卦 pah, kwa'.

Dialect 土話 'tʻu hwa'.
Diamond 金剛石 ₍kin ₍kang shih₎
Diarrhœa 痾 ₍o, 肚洩 'tu sieh,
Dice 骰子 ₍tʻeu 'tsz, 色子 seh, 'tsz, (to throw the dice) 擲骰子 chih, ₍tʻeu 'tsz.
Dictionary 字典 tsz' 'tien.
Die (v.) 死 'sz, 去世 kʻü' shi', 過身 kwo' ₍shăn.
Different 不同 puh, ₍tʻung, (very) 差得多 ₍chʻa teh, ₍to.
Difficult 難 ₍nan, 不易 puh, i'.
Dig 挖 wah,
Digest 消化 ₍siao hwa'.
Dignified 威嚴 ₍wéi ₍yen.
Dilemma (in a) 兩難之間 'liang ₍nan ₍chi ₍kien.
Diligent 勤 ₍kʻin.
Diminish 減 'kien.
Dinner 大餐 ta' ₍tsʻan.
Directly 卽刻 tsih, kʻoh,
Dirty 污穢 ₍wu wéi', 骯髒 'hang tsang'.
Disagreeable 不合意 puh, hòh, i'.
Disappear 不見了 puh, kien' 'liao.
Disappoint 失信 shih, sin', (disappointed) 失了望 shih, 'liao wang'.

Disciple 門徒 ,măn ,t'eu, 學生 hioh, ,shăng.
Discourse 講論 'kiang lun'.
Discuss 辯論 pien' lun'.
Disease 病 ping', 症 ching'.
Disentangle 解 'kiai.
Disgrace 羞辱 ,siu juh,
Dish 盤子 ,p'an 'tsz, 盆子 ,p'ăn 'tsz.
Dishonest 不老實 puh, 'lao shih,
Dismiss 放 fang', 不用 puh, yung', (from office) 革職 koh, chih,
Disobey 違背 ,wéi péi', 不聽話 puh, ,t'ing hwa'.
Disordered 亂 lwan'.
Dispensary 藥房 yoh, ,fang.
Disposition 品性 'p'in sing', 皮氣 ,p'i k'i'.
Dispute 爭論 ,chăng lun', 辯駁 pien' poh,
Dissipated 放肆 fang' sz', 放蕩 fang' tang'.
Dissolve 消化 ,siao hwa', 冲 ,ch'ung.
Distant 遠 'yuen.
Distinctly 明白 ,ming poh, 清楚 ,ts'ing 'ch'u.
Distinguish 分別 ,făn pieh,
Distress 患難 hwan' ,nan, 苦楚 'k'u 'ch'u.
District 縣 hien'.
Disturb 攪亂 'kiao lwan', 鬧事 nao' shi'.

Ditch 溝 ‚keu, 坑 ‚k'ăng.
Divide 分 ‚făn, 分開 ‚făn ‚k'ai.
Divination 占卜 ‚chen puh,
Division 一段 yih, twan', 一分 yih, făn'.
Divorce 休妻 ‚hiu ‚ts'i.
Dizzy 暈 yun', 頭暈 ‚t'eu yun', 頭昏 ‚t'eu ‚hwun.
Do 做 tso', 作 tsoh,
Doctor 醫生 ‚i ‚shăng.
Doctrine 道理 tao' 'li.
Dog 狗子 'keu 'tsz.
Doll 娃娃 ‚wa ‚wa.
Dollar 洋錢 ‚yang ‚ts'ien.
Dominoes 骨牌 kuh, ‚p'ai.
Donkey 驢子 ‚lü 'tsz.
Door 門 ‚măn, 戶 hu', (door-way) 門口 ‚măn 'k'eu.
Dose (a) 一齊 yih, tsi'.
Double (adj.) 兩倍 'liang péi'.
Double (v.) 加一倍 ‚kia yih, péi'.
Doubt 疑惑 ‚i hwoh,
Doubtful 未必 wéi' pih,
Dove 鴿子 koh, 'tsz, 班鳩 ‚pan ‚kiu.

Down 下 hia'.
Drag 拉 lah, 扯 'ch'é, 拖 ₍t'o.
Dragon 龍 ₍lung.
Draught (a rough) 草稿 'ts'ao 'kao.
Draw (or drag) 拉 lah, (pictures) 畫 hwah, (water) 打 't̤a, (lots) 拈 ₍nien.
Drawer 櫃桶 kwéi' 't'ung.
Drawing-room 客堂 k'oh, ₍t'ang.
Dreadful 利害 li' hai'.
Dream 夢 mung', (to) 做夢 tso'· mung'
Dregs 渣滓 ₍cha 'tsz.
Dress (v.) 打扮 'ta pan', 穿衣裳 ₍chw'en ₍i ₍shang.
Dried 乾 ₍kan.
Drink (v.) 喝 hoh, 喫 k'ih,
Drive (away) 趕 'kan, 擰 'nien.
Drop (s.) 滴 tih,
Drought 天旱 ₍t'ien han'.
Drown 淹死 ₍yen 'sz.
Drum 鼓 'ku, (to beat a drum) 打鼓 'ta 'ku.
Drunken 醉 tsui', 喝醉了酒 hoh₍ tsui' 'liao 'tsiu.
Dry (adj.) 乾 ₍kan.

Dry (v.) (in the sun) 晒 shai', (at the fire) 烘乾 ‚hung ‚kan.
Duck 鴨子 yah, 'tsz, (wild) 野鴨 'yé yah,
Dumb 瘂口 'ya 'k'eu, (person) 瘂巴 'ya ‚pa.
Dust (s.) 灰 ‚hwui.
Dust (v.) 抹灰 moh, ‚hwui, 担灰 'tan ‚hwui.
Duster 抹布 moh, pu'.
Dutiful 孝順 hiao' shun'.
Duty 本分 'păn fŭn'.
Dwarf 矮子 'ai 'tsz.
Dye 染 'jan.
Dynasty 朝 ‚ch'ao.
Dysentery 痢症 li' ching'.

E

Each 每 'méi, 各 koh,
Eagle 神鷹 ‚shăn ‚ying.
Ear 耳躲 ⁰rh ‚to.
Ear-ring 耳環 ⁰rh ‚hwan.
Early 早 'tsao.
Earth (the) 地毬 ti' ‚k'iu.
Earthenware 瓦器 'wa k'i', 磁器 ‚ts'z k'i'.
Earthquake 地震 ti' chăn'.

East 東 ₍tung, 東邊 ₍tung ₍pien.
Easy 容易 ₍yung i'.
Eat 吃 k'ih,
Echo 應響 ying' 'hiang.
Eclipse (of the sun) 日蝕 jeh, shih, (of the moon) 月蝕 yueh, shih,
Economical 儉用 kien' yung'.
Edge 邊 ₍pien, (of a knife) 口 'k'eu.
Educate 教訓 kiao' shun'.
Eel 鱔魚 shen' ₍yü.
Effort (make an) 奮力 'fǎn lih,
Egg 蛋 tan'.
Eight 八 pah,
Either 或 hwoh,
Elders 長老 'chang 'lao.
Eldest son 長子 'chang 'tsz.
Electricity 電氣 tien' k'i'.
Elements (of five) 五行 'wu ₍hing.
Elephant 象 siang'.
Eleven 十一 shih, yih,
Eloquence 口才 'k'eu ₍ts'ai.
Elsewhere 別處 pieh, ch'u'.
Emancipate 放 fang'.

39

Embankment 河堤 ₍ho ₍ti, 隄 ₍ti.
Embrace 抱 pao'.
Embroider 繡花 siu' ₍hwa.
Emetic 吐藥 t'u' yoh,
Emperor 皇帝 ₍hwang ti'.
Empire 天下 ₍t'ien hia'.
Employ 用 yung'.
Employment 事情 shi' ₍ts'ing.
Empress 皇后 ₍hwang heu'.
Empty (adj.) 空的 ₍k'ung tih, 虛空 ₍hü ₍k'ung.
Empty (v.) 倒出 tao' ch'uh,
Encoffin 收殮 ₍sheu 'lien.
Encompass 圍住 ₍wéi chu'.
End 終 ₍chung, 末了 moh, 'liao.
Endeavour 試一試 shi' yih, shi'.
Endless 無終 ₍wu ₍chung, 無窮 ₍wu ₍kiüng.
Enemy 仇敵 ₍ch'eu tih,
Engage 請 'ts'ing, 僱 ku', (to marry) 定親 ting' ₍ts'in.
Engaged (occupied) 有事 'yiu shi'.
Engagement (agreement) 約 yoh, 契約 k'i' yoh,
England 大英國 ta' ₍ying kwoh,
Engrave 刻 k'oh, 雕刻 ₍tiao k'oh,

Enough 足 tsuh, 够 keu', 罷了 pa' 'liao.
Enter 進 tsiu'.
Entire 全 ₍ts'üen, 盡 tsiu'.
Envelope 信封 sin' ₍fung.
Envy 忌妒 ki' tu'.
Equal 平等 ₍p'ing 'tăng.
Error 錯處 ts'o' ch'u'.
Escape 逃跑 ₍t'ao ₍p'ao, 躲避 'to pi'.
Especially 特然 t'eh, ₍jan, 頂要緊 'ting yao' 'kin.
Essay (s.) 文章 ₍wăn ₍chang.
Estimate 打算 'ta swan'.
Eternal 永遠 'yung 'yuen.
Even (level) 平 ₍p'ing.
Evening 晚上 'wan shang'.
Ever 常時 ₍shang ₍shi, (for) 長久 ₍ch'ang 'kiu.
Every 各 koh, 每 'méi.
Everyone 人人 ₍jăn ₍jăn.
Everywhere 處處 ch'u', 各處 koh, ch'u'.
Evidence 證據 ching' kü', 憑據 ₍p'ing kü'.
Evil 惡 ngoh,
Exact 正 ching', 不差 puh, ₍ch'a.
Exaggeration 太過 t'ai' kwo'.

Examination (literary) 考試 'k'ao shi', (to pass the) 中試 chung' shi'.
Examine 查看 ͵ch'a k'an', (judicially) 審問 'shăn wăn'.
Example 樣子 yang' 'tsz, 榜樣 'pang yang'.
Excellent 極好 kih, 'hao.
Except 除了 ͵ch'u 'liao.
Exchange 換 hwan', 兌換 tui' hwan'.
Excuse (v.) 寬恕 ͵kw'an shu', (to make an) 推辭 ͵t'ui ͵ts'z.
Execution 取斬 'ts'ü 'chan, (ground) 法場 fah, ͵ch'ang.
Executioner 劊子手 kwéi' 'tsz 'sheu.
Exert 發奮 fah, 'făn, 勉力 'mien lih,
Exhort 勸 k'üen'.
Expect 望 wang'.
Expel 趕出 'kan ch'uh, 攆 'nien.
Experienced 慣熟 kwan' shuh,
Explain 解 'kiai.
Export 貨出口 hwo' ch'uh, 'k'eu.
Extensive 廣闊 'kwang kw'oh, (learning) 博學 poh, hioh,
Extinguish 滅 mieh, 熄 sih,

Extraordinary 格外 koh, wai'.
Extravagant 奢華 ˏshé ˏhwa, 浪費 lang' féi'.
Extreme 極 kih,
Eye 眼睛 ‘yen ˏtsing.
Eyebrow 眼眉 ‘yen ˏméi.
Eyelid 眼蓋 ‘yen kai'.

F

Face 面 mien', 臉 ‘lien.
Facing 向 hiang'.
Factory 行 ˏhang.
Fade (as colour) 轉色 ‘chwen seh, (as a flower) 謝 sié'.
Faint (v.) 發昏 fah, ˏhwun.
Fair (weather) 晴天 ˏts‘ing ˏt‘ien, (wind) 順風 shun' ˏfung.
Fairy 仙 ˏsien.
Faith 信心 sin' ˏsin.
Faithful 忠心 ˏchung ˏsin.
Fall (v.) 跌倒 tieh, ‘tao, 踢倒 tah, ‘tao.
False 假的 ‘kia tih,
Falsehood 謊言 ‘hwang ˏyen, (to tell a) 撒謊 sah, ‘hwang.

43

Fame 名聲 ₍ming ₍shing.
Family 家 ₍kia, 家眷 ₍kia küen'.
Famine 饑荒 ₍ki ₍hwang.
Fan (s.) 扇子 shen' 'tsz, (palm leaf) 芭蕉扇 ₍pa ₍tsiao shen'.
Fan (v.) 打扇 'ta shen'.
Far 遠 'yüen.
Farm (s.) 田庄 ₍t'ien ₍chwang.
Farm (v.) 耕田 ₍käng ₍t'ien.
Farmer 農夫 ₍nung ₍fu.
Fast 快 (adv.) kw'ai'.
Fast (v.) 禁食 kin' shih, 吃齋 k'ih, ₍chai.
Fat (adj.) 肥 ₍féi, 胖 pang'.
Fat (s.) 油 ₍yiu.
Fate 命 ming'.
Father 父親 fu' ₍ts'in, 老子 'lao 'tsz.
Father-in-law 岳丈 yoh, chang', (husband's father) 公公 ₍kung ₍kung.
Fault 過失 kwo' shih, 毛病 ₍mao ping', 錯 ts'o'.
Favour 恩典 ₍ngăn 'tien.
Favourable 順 shun'.
Fear 怕 p'a'.
Feast (s.) 筵席 ₍yen sih,

Feast (v.) 吃酒 k'ih, 'tsiu.
Feather 毛 ˌmao.
Feed 養 'yang, 喂 wéi'.
Feel 覺 kioh, 見 kien', (with the hand) 摸 moh,
Felt 氈 ˌchen.
Fence 籬笆 ˌli ˌpa, 欄杆 ˌlan ˌkan.
Fender 火爐圍 'hwo ˌlu ˌwéi.
Festival 節期 tsieh, ˌk'i.
Fetch 拿來 ˌna ˌlai.
Fever 熱病 jeh, ping', (to have) 發燒 fah, ˌshao.
Few 少 'shao, 不多 puh, ˌto.
Fiddle 琵琶 ˌp'i ˌp'a, (three-stringed) 三絃 ˌsau ˌhien.
Field 田 ˌt'ien.
Fierce 暴 pao', 兇惡 ˌhiung ngoh,
Fig 無花菓 ˌwu ˌhwa kwo'.
Fight (v.) 打架 'ta kia', (in battle) 打仗 'ta chang'.
File (s.) 銼 ts'o'.
Filial 孝 hiao', 孝順 hiao' shun'.
Fill (v.) 充滿 ˌch'ung 'man.
Filter (s.) 砂漏 ˌsha leu'.
Fin (s.) 翅 ch'i'.

Finally 終 ₍chuug, 究竟 kiu' ₍king.
Find (v.) 尋著 ₍sin choh, 找著 'chao choh,
Fine (not coarse) 細 si', (weather) 好天 'hao ₍t'ien.
Finger 指頭 'chi ₍t'eu.
Finish (v.) 做完 tso' ₍hwan.
Fir 松樹 ₍sung shu'.
Fire 火 'hwo.
Fire-arms 砲 p'ao'.
Fire-crackers 爆竹 pao' chuh, 鞭 ₍pien.
Fire-engine 水龍 'shui ₍lung.
Fire-wood 柴 ₍ch'ai.
Fire-works 烟火 ₍yen 'hwo.
Firm 堅固 ₍kien ku', 紮實 chah, shih,
Fish (s.) 魚 ₍yü.
Fish (v.) 打魚 'ta ₍yü, 釣魚 tiao' ₍yü.
Fisherman 打魚的人 'ta ₍yü tih, ₍jăn.
Fist 拳頭 ₍k'üen ₍t'eu.
Five 五 'wu.
Fix 定 ting'.
Flag (s.) 旗 ₍k'i.
Flame (s.) 火焰 'hwo yen'.
Flannel 絨 ₍jung, 小絨 'siao ₍jung, 呢絨 ₍ui ₍jung.

Flat 平 ‚p'ing.
Flattery 諂媚 'ch'en méi'.
Flavour 味 wéi', 氣味 k'i' wéi'.
Flax 麻 ‚ma.
Flea 狗虱 'keu seh, 跳虱 t'iao' seh,
Flesh 肉 juh,
Float 浮 ‚feu.
Flood (s.) 洪水 ‚hung 'shui.
Flood tide 潮水 ‚ch'ao 'shui.
Floor 地板 ti' 'pan, 樓板 ‚leu 'pan.
Flour 麵粉 mien' 'făn.
Flourishing 茂盛 meu' shing'.
Flower 花 ‚hwa.
Flute 笛子 tih, 'tsz.
Fly (s.) 烏蠅 ‚wu ‚ying, 蒼蠅 ‚ts'ang ‚ying.
Fly (v.) 飛 ‚féi.
Fog (v.) 霧 wu'.
Follow 跟從 ‚kăn ‚ts'ung, 跟隨 ‚kăn ‚sui.
Food 食物 shih, wuh,
Foolish 蠢笨 'ch'un păn', 糊塗 ‚hu ‚t'u.
Foot 脚 kioh, (measure=14.1 in. English) 尺 ch'ih,
Footstep 脚跡 kioh, tsih,

47

For *Fountain*

For (because) 因 為 ₍yin ₍wéi, (instead of) 替 t'i'.
Forbid 禁 止 kin' 'chi.
Force 勉 强 'mien 'k'iang.
Forehead 額 頭 ngoh, ₍t'eu.
Foreign 洋 ₍yang, (country) 外 國 wai' kwoh,
Forest 樹 林 shu' ₍liu.
Forge (v.) 假 冒 'kia mao', 冒 名 mao' ₍ming.
Forget 忘 記 ₍wang ki'.
Forgive 赦 免 shé' 'mien, 饒 恕 ₍jao shu'.
Fork (s.) 叉 子 ₍ch'a 'tsz.
Forlorn 孤 獨 ₍ku tuh,
Formosa 臺 灣 ₍T'ai ₍wan.
Formerly 從 前 ₍ts'ung ₍ts'ien.
Forsake 棄 k'i', 丟 ₍tiu.
Fort 炮 臺 ₍p'ao ₍t'ai.
Fortunate 吉 kih, 有 造 化 的 'yiu tsao' hwa' tih,
Fortune-teller 算 命 先 生 swan' ming' ₍sien ₍shăng.
Forward (to go) 上 前 'shang ₍ts'ien.
Foundation 基 址 ₍ki 'chi, 墻 腳 ₍ts'iang kioh, 屋 基 wuh, ₍ki.
Fountain 泉 ₍ts'üen, 源 頭 ₍yuen ₍t'eu.

48

Four 四 sz',.
Fowl 鷄子 ₍ki 'tsz.
Fox 狐狸 ₍hu ₍li.
Frame 架 kia'.
France 法國 Fah₍ kwoh,
Free 自由 tsz' ₍yiu, 自主 tsz' 'chu, (a free school) 義學 i' hioh,
Freely 白白的 poh, poh, tih,
Freeze 令冰 ling' ₍ping, 凍了 tung' 'liao.
Fresh 新 ₍sin, 鮮 ₍sien, (water) 淡水 tau' 'shui.
Friday 禮拜五 'li pai' 'wu.
Friend 朋友 ₍p'ǎng 'yiu.
Frighten 嚇 hoh,
Frog 蛤蟆 koh₍ na', 田鷄 ₍t'ien ₍ki.
From 從 ₍ts'ung.
Front 前頭 ₍ts'ien ₍t'eu.
Frontier 境界 'king kiai'.
Frost 霜 ₍shwang.
Fruit 菓子 'kwo 'tsz.
Fry 煎 ₍tsien.
Full 滿 'man.
Fun 頑笑 ₍wan siao'.

Funeral 喪事 ₍sang shi', (to attend a) 送葬 sung' tsang'.
Funny 好笑 'hao siao'.
Fur 皮 ₍p'i.
Furnace 爐 ₍lu, 窰 ₍yao.
Furniture 傢伙 ₍kia 'hwo, 傢俱 ₍kia ₍kü.
Further 更遠 kăng' 'yüen.
Furthermore 再者 tsai' 'ché.
Future 將來 ₍tsiang ₍lai, 後來 heu' ₍lai.

G

Gain (s.) 利 li', 利息 li' sib,
Gain (v.) 賺 chan', 贏 ₍ying.
Gamble 賭博 'tu poh, 賭錢 'tu ₍ts'ien.
Game (to play) 戲耍 hi' sha', (meat) 野味 'yé wéi'.
Gape (v.) 張口 ₍chang 'k'eu, 打呵欠 'ta ₍ho k'ien'.
Garden 花園 ₍hwa ₍yüen, (vegetable) 菜園 ts'ai' ₍yüen.
Garlic 蒜 swan'.
Gas 煤氣 ₍méi k'i'.
Gate 門 ₍măn.
Gatekeeper 看門的 k'an' ₍măn tih,

Gather (to pick) 採 ʻtsʻai, (up) 收拾 ˌsheu ˌshih, 揀 ʻkien.
Gazette (Peking) 京報 ˌking paoʼ.
General (s.) 軍帥 ˌkiün shwaiʼ.
Generally 大約 taʼ yoh, 大概 taʼ kaiʼ.
Generation 世代 shiʼ taiʼ.
Generous 慷慨 ʻkʻang kʻaiʼ, 大量 taʼ liangʼ.
Genial 溫和 ˌwăn ˌhwo.
Genii 神仙 ˌshăn ˌsien.
Gentle 溫柔 ˌwăn ˌjeu.
Gentleman 君子 ˌkiün ʻtsz, (an official) 老爺 ʻlao ˌyé, (a teacher) 先生 ˌsien ˌshăng, (a young) 相公 siangʼ ˌkung.
Gently 輕輕的 ˌkʻing ˌkʻing tih, 漫漫的 manʼ manʼ tih.
Gentry (country) 鄉紳 ˌhiang ˌshăn.
Genuine 眞 ˌchăn.
Geography 地理 tiʼ ʻli.
Geomancy 風水 ˌfung ʻshui.
Get 得 teh.
Ghost 鬼 ʻkwéi.
Gift 禮物 ʻli wuh, (to the poor) 開發 ˌkʻai fah, (to a child) 打發 ʻta fah,

Ginger   *Gospel*

Ginger 薑 ‚kiang, (preserved) 糖薑 ‚t'ang ‚kiang.

Ginseng 人參 ‚jăn ‚shăn.

Girdle 帶子 tai' 'tsz, 腰帶 ‚yao tai'.

Girl 女兒 'nü ‚'rh, 姑娘 ‚ku ‚niang, (servant) 丫頭 ‚ya ‚t'eu.

Give 給 kih, 把 'pa, (present) 送 sung'.

Glad 歡喜 ‚hwan 'hi.

Glass 玻璃 ‚po ‚li, (a) 玻璃杯 ‚po ‚li ‚péi.

Glory 榮耀 ‚yung yao'.

Gloves 手笠 'sheu lih, 手籠 'sheu ‚lung.

Glue 膠 ‚kiao, 牛皮膠 ‚niu ‚p'i ‚kiao.

Gnat 蚊 ‚wăn, 虻子 ‚mung 'tsz.

Go 去 k'ü', 往 'wang.

Goat 山羊 ‚shan ‚yang.

God 上帝 Shang' ti', (the gods) 神 ‚shăn, 鬼神 'kwéi ‚shăn.

Gold 金 ‚kin, (-leaf) 金箔 ‚kin poh,

Gone 去了 k'ü' 'liao.

Gong 鑼 ‚lo.

Good 好 'hao, 善 shen'.

Goose 鵝 ‚ngo, (wild) 雁鵝 yen' ‚ngo, 野鵝 'yé ‚ngo.

Gospel 福音 fuh, ‚yin.

Gourd 瓜 ˌkwa.

Govern 治 chi', 管 'kwan.

Government 皇家 ˌhwang ˌkia.

Governor (of a Province) 總督 'tsung tuh, 制台 chi' ˌt'ai.

Grace 恩典 ˌngăn 'tien.

Gradually 漸漸 tsien' tsien'.

Graduate (v.) 中試 chung' shi', (to pass the 1st examination) 進學 tsin' hioh,

Graduate (s.) (of 1st degree) 秀才 siu' ˌts'ai, (of 2nd) 舉人 'kü ˌjŭn, (of 3rd) 進士 tsin' shi', (of 4th) 翰林 han' ˌlin.

Grand 大哉 ta' ˌtsai.

Grand-daughter 孫女 ˌsun 'nü, (a daughter's daughter) 外孫女 wai' ˌsun 'nü.

Grand-father 祖父 'tsu fu', (a mother's father) 外祖 wai' 'tsu, 外公 wai' ˌkung.

Grand-mother 祖母 'tsu 'mu, (a mother's mother) 外婆 wai' ˌp'o, 外祖母 wai' 'tsu 'mu.

Grand-son 孫子 ˌsun 'tsz, (a daughter's son) 外孫 wai' ˌsun.

Grapes 葡萄子 ˌp'u ˌt'ao 'tsz.

Grass 草 'ts'ao.

Grass-cloth 夏布 hia' pu'.
Grateful 感恩 ‚kan ‚ngŭn.
Grave (s.) 墳墓 ‚făn mu'.
Gravestone 碑 ‚péi, 墳碑 ‚făn ‚péi.
Gravel 砂石 ‚sha shih‚
Gravy 肉汁 juh, chih‚
Gray 灰色 ‚hwui seh‚
Great 大 ta'.
Great-grand-father 曾祖 ‚tsăng 'tsu⸝
Green 綠 luh‚ 青 ‚ts'ing.
Grief 憂悶 ‚yiu măn'.
Grind 磨 ‚mo.
Grind-stone 磨刀石 ‚mo ‚tao shih‚
Ground 地 ti', 土 't'u.
Ground-nuts 花生 ‚hwa ‚shăng.
Grow 長 'chang, 生 ‚shăng, 長大 'chang ta'.
Gruel 粥 chuh, 稀飯 ‚hi fan'.
Guarantee 保 'pao.
Guard 守 'sheu, 保護 'pao hu'.
Guess 猜 ‚ch'ai.
Guest 客 k'oh, 賓 ‚pin.
Guide (v.) 引路 'yin lu'.
Guild 會館 hwui' 'kwan.

Guilty 有罪 'yiu tsui'.
Guitar 琵琶 ₍p'i ₍p'a.
Gum 樹膠 shu' ₍kiao.
Gums 牙齦 ₍ya yin'.
Gun 鳥鎗 'niao ₍ts'iang.
Gunpowder 火藥 'hwo yoh,
Gust 陣風 chăn' ₍fung.

H

Habit 慣習 kwau' sih,
Hades 陰間 ₍yin ₍kien.
Hail (s.) 含冰子子 ling' ₍ping 'tsz 'tsz.
Hail (v.) 落冰雹 loh, ₍ping poh,
Hair (short) 毛 ₍mao, (of the head) 頭髮 ₍t'eu fah,
Hairpin 釵 ₍ch'ai, 挖耳 wah, "rh.
Half 半 pan'.
Hall 堂 ₍t'ang, 廳 ₍t'ing.
Ham 火腿 'hwo 't'ui.
Hammer (s.) 鎚子 ₍ch'ui 'tsz.
Hammer (v.) 鎚 ₍ch'ui.
Hand 手 'sheu.

Handkerchief 手巾 'sheu ₍kin, 汗巾 han' ₍kin, 手帕子 'sheu p'a' 'tsz.
Handle (s.) 把柄 'pa ping'.
Hang 吊 tiao', (up) 掛起來 kwa' 'k'i ₍lai, (down) 垂 ₍ch'ui, (one's self) 自經 tsz' i'.
Happily 幸 hing'.
Happiness 福 fuh, 福氣 fuh, k'i'.
Happy 安樂 ₍ngan loh,
Harass 難為 ₍nan ₍wéi.
Harbour (s.) 海口 'hai 'k'eu.
Hard 硬 ying', (difficult) 難 ₍nan.
Hare 野兔 'yé t'u'.
Harlot 娼妓 ₍ch'ang ki'.
Harm 害 hai'.
Harmony 和 ₍hwo.
Harvest 收割 ₍sheu koh,
Haste 急忙 kib, ₍mang.
Hasten 趕快 'kan kw'ai'.
Hat 帽子 mao' 'tsz.
Hate 惡 wu', 恨 hăn'.
Have 有 'yiu.
Hawk 鷹 ₍ying, 磨鷹 mo' ₍ying.
He 他 ₍t'a.

Head 頭 ₍t'eu, 腦袋 'nao tai', 腦殼 'nao k'ioh,
Headache 頭痛 ₍t'eu t'ung', 腦殼疼 'nao k'ioh, ₍t'ăng.
Heal 醫 ₍i, 醫好 ₍i 'hao.
Healthy 爽快 'shwang kw'ai'.
Heap 堆 ₍tui.
Hear 聽 ₍t'ing, 聽見 ₍t'ing kien'.
Heart 心 ₍sin.
Heartily 甘心 ₍kan ₍sin.
Heat 熱 jeh,
Heaven 天 ₍t'ien, 天堂 ₍t'ien ₍t'ang.
Heavy 重 chung'.
Heel 脚後跟 kioh, heu' ₍kăn, 脚呂子 kioh, tuh, 'tsz.
Heir 嗣子 sz' 'tsz.
Hell 地獄 ti' yuh,
Helm 舵 to'.
Help 帮助 ₍pang chu'.
Helped (it cannot be) 無奈何 ₍wu nai' ₍ho.
Hem (v.) 鎖邊 'so ₍pien, 絞褊 'kiao 'pien.
Hemp 麻 ₍ma.
Hen 母鷄 'mu ₍ki.
Henceforth 自今以後 tsz' ₍kin 'i heu'.

Her   *Honour*

Her 他 ₍t'a.
Herd 羣 ₍k'iün.
Here 這裏 ché' 'li.
Hide 隱藏 'yin ₍ts'ang, (one's self) 藏身 ₍ts'ang ₍shăn.
High 高 ₍kao, (on) 在上 tsai' shang'.
Hill 山 ₍shan.
Himself 他自己 ₍t'a tsz' 'ki.
Hinder (v.) 攔阻 ₍lan 'chu.
Hindermost 末後 moh, heu'.
Hip 大腿 ta' 't'ui.
Hire 雇 ku', (rent) 租 ₍tsu.
His 他的 ₍t'a tih,
Hit 打 'ta, (the mark) 中了 chung' 'liao.
Hold (v.) 拿 ₍na, (contain) 裝 ₍chwang.
Hole 窟窿 k'uh, ₍lung, (rents) 破了 p'o' 'liao.
Holiday (to give a) 放假 fang' kia'.
Holy 聖 shing', 聖潔 shing' kieh,
Home 家 ₍kia, (at) 在家裏 tsai' ₍kia 'li.
Honest 老實 'lao shih,
Honey 蜜 mih, 蜜糖 mih, ₍t'ang.
Honeysuckle 金銀花 ₍kin ₍yin ₍hwa.
Honour 尊貴 ₍tsun kwéi', 恭敬 ₍kung king'.

Hood   Hurried

Hood 雪帽 süeh, mao', 風帽 ₍fung mao'.
Hook (s.) 鈎子 ₍keu 'tsz.
Hoop 箍子 ₍ku 'tsz.
Hope 望 wang', 盼望 p'an' wang'.
Horn 角 kioh,
Horse 馬 'ma.
Horse-racing 跑馬 'p'ao 'ma.
Horse-whip 馬鞭 'ma ₍pien.
Hospital 醫院 ₍i yuen'.
Hot 熱 jeh,
Hotel 客店 k'oh, tien'.
Hour (an) 一點鐘 yih, 'tien ₍chung.
House 屋 wuh, 房子 ₍fang 'tsz.
Hovel 棚子 ₍p'ǎng 'tsz.
How 何 ₍ho, 怎麼樣 tsǎn' 'mo yang'.
How many? 幾多 'ki ₍to, 多少 ₍to 'shao.
Humanity 仁德 ₍jǎn teh,
Humble 謙卑 ₍k'ien ₍péi.
Hundred (one) 一百 yih, poh,
Hunger 饑餓 ₍ki ngo'.
Hungry 肚子餓了 'tu 'tsz ngo' 'liao.
Hunt (v.) 打獵 'ta lieh,
Hurried 忙 ₍mang.

Hurt 傷 ˏshang.
Husband 丈夫 chang' ˏfu.
Hymn 聖詩 shing' ˏshi, 讚美詩 tsan' 'méi ˏshi.
Hypocrite 假冒爲善 'kia mao' ˏwéi shen'.

工

I 我 'ngo.
Ice 冰 ˏping, 令冰 ling' ˏping.
Idea 意思 i' ˏsz.
Idle 懶惰 'lan to'.
Idol 菩薩 ˏp'u sah, 偶像 'ngeu siang'.
If 若是 yoh, shi', 倘若 't'ang yoh,
Ignorant 無見識 ˏwu kien' shih, 不知 puh, ˏchi.
Ill (sick) 有病 'yiu ping', (bad) 不好 puh, ˏhao.
Illustrate 表明 'piao ˏming.
Imitate 學效 hioh, hiao'.
Immediately 立刻 lih, k'oh,
Immerse 沉下去 ˏch'ăn hia' k'ü', 浸 tsin'.
Immodest 無禮 ˏwu 'li.
Impatient 不忍耐 puh, 'jăn nai', 性急 sing' kih, 不耐煩 puh, nai' ˏfan.
Impediment 防碍 ˏfang ngai', 阻隔 'chu koh,
Implicate 連累 ˏlien léi'.

Important 要緊 yao' ‚kin.
Impossible 做不得的 tso' puh, teh, tih,
Imprisoned 坐監 tso' ‚kien.
Improbable 難信 ‚nan siu'.
In 在 tsai'.
Inattentive 不用心 puh, yung' ‚sin.
Incense 香 ‚hiang.
Inch 寸 ts'un'.
Inclose 圍住 ‚wéi chu', (in a letter) 加封 ‚kia ‚fung.
Inconvenient 不方便 puh, ‚fang pien'.
Incorrect 錯 ts'o'.
Indeed 實在 shih, tsai'.
India 印度國 'Yin tu' kwoh, 天竺國 ‚T'ien chuh, kwoh,
Indian ink 墨 moh,
India-rubber 象皮 siang' ‚p'i.
Indigestion 不消化 puh, ‚siao hwa'.
Indignation 惱恨 'nao hăn'.
Indisposed 不舒服 puh, ‚shu fuh,
Indistinct 不明白 puh, ‚ming poh, 不清楚 puh, ‚ts'ing 'ch'u.
Industrious 勤力 ‚k'in lih,

Inevitable 免不得的 'mien puh, teh, tih,
Infant 嬰兒 ﹐ying ﹐'rh.
Infanticide (of girls) 溺女 nih, 'nü.
Infectious 會染 ﹐hwui 'jan, (disease) 過人的病 kwo' ﹐jan tih, ping'.
Inferior 下等 hia' 'tăng.
Infinite 無窮 ﹐wu ﹐k'iüng.
Influence (v.) 感動 'kan tung', 感化 'kan hwa'.
Infuse 冲 ﹐ch'ung.
Ingratitude 忘恩 ﹐wang ﹐ngăn.
Inheritance 家業 ﹐kia yeh,
Injure 害 hai', 傷 ﹐shang.
Ink 墨 moh, (liquid) 墨水 moh, 'shui.
Ink-slab 硯池 yen' ﹐ch'i.
Inland 內地 néi' ti'.
Inn 客店 k'oh, tien'.
Inner 內 néi', 裏面 'li mien'.
Innocent 無罪 ﹐wu tsui'.
Innumerable 無數的 ﹐wu shu' tih,
Insane 癲狂 ﹐tien ﹐kw'ang.
Inscription 碑文 ﹐péi ﹐wăn.
Insect 蟲 ﹐ch'ung.
Insecure 不穩當 puh, 'wăn tang'.

Insensible 昏了 ‚hwun 'liao, 不知不覺 puh, ‚chi puh, kioh, (numb) 痳痺 ‚ma muh,
Inseparable 分不開的 ‚fǎu puh, ‚k'ai tih,
Insert 插入 ch'ah, juh,
Inside 裏頭 'li ‚t'eu, 內 néi'.
Insipid 無味 ‚wu wéi'.
Inspect 看 k'an', 巡察 ‚siün ch'ah,
Inspector 監督 ‚kien tuh,
Inspiration (divine) 默示 moh, shi'.
Instead of 替 t'i', 伐 tai'.
Instruction 敎訓 kiao' hiün'.
Insufficient 不够 puh, keu'.
Insult 侮慢 'wu man', 凌辱 ‚ling juh,
Insure 保 'pao.
Insurrection 作亂 tsoh, lwan'.
Intelligence 見識 kien' shih, (news) 信 sin'.
Intend 想 'siang.
Intentional 故意 ku' i'.
Intercalary 閏 jun'.
Interest 利息 li' sih, 利錢 li' ‚ts'ien.
Interfere 理 'li, 官 ‚kwan, (meddle) 插手 ch'ah, 'sheu.
Interleave 隔張紙 koh, ‚chang 'chi.

Interpret 解 'kiai, 繙譯 ˌfan yih,
Interpreter 通事 ˌt'ung shi', 通司 ˌt'ung ˌsz.
Interrupt 隔斷 koh, twan', (in speaking) 插嘴 插舌 ch'ah, 'tsui ch'ah, sheh,
Intimate 相熟 ˌsiang shuh,
Intolerable 不能容 puh, ˌnăng ˌyung, 忍不住 'jăn puh, chu'.
Intoxicated 吃醉了酒 k'ih, tsui' 'liao 'tsiu.
Introduce 引進 'yin tsin', 代友通名 tai' 'yiu ˌt'ung ˌming, (a subject) 提起 ˌt'i 'k'i.
Introduction (to a book) 小引 'siao 'yin.
Invade 霸侵 pa' ˌts'in.
Invisible 無形無像 ˌwu ˌhing ˌwu siang', 看不見的 k'an' puh, kien' tih,
Invitation-card 請帖 'ts'ing t'ieh,
Invite 請 'ts'ing.
Involve 連累 ˌlien léi', 拖累 ˌt'o léi'.
Iron (s.) 鐵 t'ieh, (for clothes) 燙斗 t'ang' 'teu.
Iron (v.) 熨 yun', 熨 wéi', 燙 t'ang'.
Irremediable 無奈何 ˌwu nai' ˌho, 無法 ˌwu fah,
Irresolute 無主意 ˌwu 'chu i'.
Irrigate 灌 kwan'.
Irritate 惹怒 'jé nu'.

Is 是 shi', (there is) 有 'yiu.
Island 海島 'hai 'tao.
It 他 ‚t'a.
Itch 癢 'yang.
Ivory 象牙 siang' ‚ya.

J

Jacket 褂子 kwa' 'tsz, 馬褂 'ma kwa'.
Jadestone 玉 yuh, 玉石 yuh, shih,
Jailer 獄官 yuh, ‚kwan.
Jam 糖菓 ‚t'ang 'kwo.
Japan 日本國 Jeh, 'păn kwoh, 東洋國 ‚Tung ‚yang kwoh,
Jar 瓶 ‚p'ing, 水缸 'shui ‚kang.
Jealous 妬忌 tu' ki'.
Jelly 糕 ‚kao, 凍 tung'.
Jesus 耶穌 ‚Yé-‚su.
Jew 猶太人 ‚Yiu t'ai' ‚jăn.
Jewel 寶玉 'pao yuh,
Join 相合 ‚siang hoh, 連 ‚lien, 合攏 hoh, 'lung.
Joint 節 tsiéh,
Joke 惹人笑 'jé ‚jăn siao'.
Journal 日記 jéh, ki'.

Journey 路程 lu' ₍ch'ing.
Joy 喜樂 'hi loh,
Judge (v.) 審判 'shăn p'an'.
Judge (s.) (a criminal) 刑名官 ₍hing ₍ming ₍kwan.
Juice 汁 chih,
Jump 跳 t'iao'.
Just 公道 ₍kung tao', (now) 方纔 ₍fang ₍ts'ai,
Justice 公義 ₍kung i'.
Justify 稱義 ₍ch'ing i'.

K

Keep 守 'sheu, 留下 ₍liu hia'.
Kerchief 巾 ₍kin, 帕 p'a'.
Kernel 仁子 ₍jăn 'tsz.
Kerosine 火油 'hwo ₍yiu, 煤油 ₍méi ₍yiu.
Kettle 開水壺 ₍k'ai 'shui ₍hu.
Key 鑰匙 yoh, ₍shi.
Kick 踢 t'ih,
Kidnapper 拐子 'kwai 'tsz.
Kidney 內腎 néi' shăn', (of animals) 腰子 ₍yao 'tsz.
Kill 殺 shah, (animals) 宰 'tsai.
Kiln 燒窰 ₍shao ₍yao.
Kind 溫和 ₍wăn ₍hwo, (sort) 類 léi', 樣 yang'.

Kindred 親戚 ₍ts'in ts'ih,
King 王 ₍wang.
Kingdom 國 kwoh,
Kiss 親嘴 ₍ts'in 'tsui.
Kitchen 廚房 ₍ch'u ₍fang.
Kite (hawk) 鳶 ₍yuen, (paper) 紙鷹 'chi ₍ying, (to fly kites) 放風箏 fang' ₍fung ₍chăng.
Knave 光棍 ₍kwang kwun'.
Knee 膝 sih, 膝頭 sih, ₍t'eu.
Kneel 跪下 kwéi' hia'.
Knife 刀 ₍tao.
Knit 織 chih,
Knock 打 'ta, 扣 k'eu'.
Knot (s.) 結頭 kieh, ₍t'eu.
Knot (v.) 打結 'ta kieh,
Know 知道 ₍chi tao', 曉得 'hiao teh, (to recognize) 認得 jăn' teh,
Knowledge 見識 kien' shih,
Knuckle 拳頭骨 ₍k'üen ₍t'eu kuh,

工

Laborious 辛苦 ₍sin 'k'u.
Labour 工夫 ₍kung ₍fu.

Labourer 工人 ₍kung ₍jăn.
Lace 花邊 ₍hwa ₍pien.
Lacquer 漆 ts'ih, (ware) 漆器 ts'ih, k'i'.
Ladder 梯子 ₍t'i 'tsz, 樓梯 ₍leu ₍t'i.
Lady 奶奶 'nai 'nai, (a scholar's wife) 師奶 ₍sz 'nai, 師娘 ₍sz ₍niang, (an official's wife) 太太 t'ai' t'ai', (an unmarried lady) 小姐 'siao 'tsié.
Lake 湖 ₍hu.
Lamb 羔羊 ₍kao ₍yang.
Lame 跛脚 'po kioh,
Lamp 燈 ₍tăng, (chimney) 燈筒 ₍tăng ₍t'ung, (wick) 燈心 ₍tăng ₍sin.
Land (s.) 地 ti', 田 ₍t'ien, (by) 旱路 han' lu'.
Land (v.) 上岸 'shang ngan'.
Landing-place 馬頭 'ma ₍t'eu.
Landlord 屋主 wuh, 'chu, 房東 ₍fang ₍tung, (of an inn) 店主 tien' 'chu.
Landscape 光景 ₍kwang 'king, 山水 ₍shan 'shui.
Lane 巷 hang'.
Language 話 hwa', 口音 'k'eu ₍yin.
Lantern 燈籠 ₍tăng ₍lung.
Lard 猪油 ₍chu ₍yiu.
Large 大 ta'.

Lark 百靈 poh, ₍liug.
Last 末 moh, 終 ₍chung, (year) 舊 'kiu ₍nien, (night) 昨晚 tsoh, 'wan.
Late 遲 ₍ch'i, 晚 'wan.
Lately 近日 kin' jeh,
Laugh 笑 siao'.
Laughable 可笑 'k'o siao', 好笑 'hao siao'.
Law 律法 lüh, fah, (of the land) 國法 kwoh, fah, (to go to law) 打官司 'ta ₍kwan ₍sz.
Lay (down) 放下 fang' hia', (up) 藏 ₍ts'ang.
Lazy 懶惰 'lan to'.
Lead (s.) 鉛 ₍yuen, 黑錫 hoh, sih,
Lead (v.) 引導 'yin tao', 帶 tai', 牽 ₍k'ien.
Leaf 葉 yeh, (of a book) 頁 hieh,
Leak 漏水 leu' 'shui.
Lean (adj.) 瘦 sheu'.
Lean (v.) (on) 靠倒 k'ao' 'tao, 靠著 k'ao' choh,
Leap (v.) 跳 t'iao'.
Learn 學 hioh,
Lease (v.) 租 ₍tsu, 租字 ₍tsu tsz'.
Leather 皮 ₍p'i, 熟皮 shuh, ₍p'i.
Leave (v.) 離開 ₍li ₍k'ai, 離別 ₍li pieh, (behind) 留下 ₍liu hia'.

Leaven (s.) 酵 kiao'.
Leaven (v.) 發酵 fah, kiao'.
Leech 螞蟥 'ma ˌhwang.
Leeks 韭菜 'kiu ts'ai'.
Left (the) 左 'tso, 左邊 'tso ˌpien, (what is left) 剩下的 shing' hia' tih,
Leg 脚 kioh, 小腿 'siao 't'ui, (of mutton) 羊腿 ˌyang 't'ui.
Legitimate 正 ching'.
Leisure 閒 ˌhien, 工夫 ˌkung ˌfu.
Lemon 檸檬 ˌning ˌmung, 香櫞 ˌhiang ˌyuen.
Leprosy 痳瘋 ˌma ˌfung.
Lessen 減 'kien.
Lesson 課 k'o', (to recite lessons) 背書 péi' ˌshu.
Lest 恐怕 'k'ung p'a', 免得 'mien teh,
Let 許 'hü, 准 'chun, (let go) 放 fang'.
Letter (character) 字 tsz', (epistle) 封信 ˌfung sin'.
Lettuce 生菜 ˌshăng ts'ai'.
Level 平 ˌp'ing.
Liar 說謊的 shwoh, 'hwang tih,
Libel 壞名聲 hwai' ˌming ˌshing, (a placard) 揭帖 kieh, t'ieh,

Liberal 仁厚 ˏjăn heu'.
Liberty 自由 tsz' ˏyiu.
Li-chi 荔枝 li' ˏchi.
Lick (v.) 舐 'shi, 餂 't'ien.
Lid 蓋子 kai' 'tsz.
Lie (down) 睡 shui', 躺倒 't'ang 'tao.
Lie (s.) 謊話 'hwang hwa'.
Lie (v.) 說謊 shwoh, 'hwang.
Life 生命 ˏshăng ming', 性命 sing' ming'.
Lift 舉起 'kü 'k'i, 提起來 ˏt'i 'k'i ˏlai.
Light (adj.) 光 ˏkwang, 亮 liang', (not heavy) 輕 ˏk'ing.
Light (v.) 點 'tien.
Lightning 閃電 'shen tien'.
Like (adv.) 好像 'hao siang', 如同 ˏjü ˏt'ung.
Like (v.) 喜歡 'hi ˏhwan.
Lily 百合花 poh, hoh, ˏhwa.
Lime 灰 ˏhwui.
Line (s.) 線 sien', (a stroke) 畫 hwah,
Linen 麻布 ˏma pu'.
Lining 裏布 'li pu'.
Linseed 胡麻子 ˏhu ˏma 'tsz, (oil) 麻油 ˏma ˏyiu.
Lion 獅子 ˏsz 'tsz.

71

Lip 唇 ˏshun, 嘴 ʻtsui.
Listen 聽 ˏtʻing, 打聽 ʻta ˏtʻing.
Literary 文 ˏwăn, (style) 文理 ˏwăn ʻli.
Literati 讀書人 tuh˳ ˏshu ˏjăn.
Litigation 爭訟 ˏchăng sungʼ.
Little 小 ʻsiao, (a) 一點 yih˳ ʻtien.
Live 活 hwoh˳ (dwell) 住 chuʼ.
Livelihood 過日 kwoʼ jeh, 糊口 ˏhu ʻkʻeu.
Liver 肝 ˏkan.
Lizard 蚺蛇 ˏjen ˏshé, 璧虎 pih˳ ʻhu.
Load (s.) 擔 tanʼ.
Lobster 龍蝦 ˏlung ˏhia.
Lock 鎖 ʻso.
Locust 蝗蟲 ˏhwang ˏchʻung.
Loins 腰 ˏyao.
Lonely 孤單 ˏku ˏtan, (place) 冷淡 ʻlăng tanʼ.
Long 長 ˏchʻang, (time) 久 ʻkiu.
Longevity 壽 sheuʼ.
Look 看 kʻanʼ.
Looking-glass 面鏡 mienʼ kingʼ.
Loom (s.) 織機 chih˳ ˏki, 欄機 ˏlan ˏki.
Loop (for a button) 紐眼 ʻniu ʻyen, 釦眼 kʻeuʼ ʻyen.

Loose 鬆 ˌsung, 解開 ʻkiai ˌkʻai.
Loquacious 多嘴 ˌto ʻtsui.
Lord 主 ʻchu.
Lose 失 shih, (in a game) 輸 ˌshu.
Lost 不見了 puh, kienʼ ʻliao, 失了 shih, ʻliao.
Lots (to cast) 拈鬮 ˌnien ˌkiu.
Lotion 洗藥 ʻsi yoh,
Lottery 賭票 ʻtu pʻiaoʼ.
Lotus 蓮花 ˌlien ˌhwa, (lotus roots) 藕 ʻngeu.
Loud 大聲 taʼ ˌshing.
Louse 虱子 seh, ʻtsz.
Love 愛 ngaiʼ, 疼愛 ˌtʻăng ngaiʼ, (with compassion) 愛憐 ngaiʼ ˌlien, (with reverence) 愛敬 ngaiʼ kingʼ.
Low 低 ˌti, 下 hiaʼ.
Loyal 忠信 ˌchung sinʼ.
Luck 命運 mingʼ yunʼ, 造化 tsaoʼ hwaʼ.
Lucky 吉 kih, 幸 hingʼ.
Luggage 行李 ˌhing ʻli.
Lump (s.) 團 ˌtwʻan, 塊 kwʻaiʼ.
Lunatic 發了癲 fah, ʻliao ˌtien.
Lungs 肺 féiʼ.

M

Macao 澳門 Ngao' ͵măn.
Macaroni 通心粉 ͵t'ung ͵sin 'făn, 線粉 sien' 'făn.
Machine 機器 ͵ki k'ï'.
Mad 癲狂 ͵tien ͵kw'ang.
Magic 巫術 ͵wu shuh, 幻術 hwan' shuh,
Magistrates 官府 ͵kwan 'fu.
Magnet 攝石 sheh, shih, (a magnetic needle) 南針 ͵nan ͵chăn.
Magpie 喜鵲 'hi ts'ioh,
Mahommedanism 回回教 ͵hwui ͵hwui kiao'.
Maize 包粟 ͵pao suh,
Majestic 威嚴 ͵wéi ͵yen.
Make 做 tso', 作 tsoh,
Male 男 ͵nan, (of animals) 公 ͵kung, 牡 'meu, (of birds) 雄 ͵hiung.
Malignant 惡毒 ngoh, tuh,
Mamma 媽媽 ͵ma ͵ma.
Man 人 ͵jăn.
Man-of-war 兵船 ͵ping ͵chw'en.
Manage 辦事 pan' shi'.

Manchu 滿州 'Man ˏcheu.
Mandarin 官 ˏkwan.
Mango 棡菓 'wang 'kwo.
Mangosteen 山竹菓 ˏshan chuh, 'kwo.
Manifest (s.) 顯明 'hien ˏmiug, 表明 'piao ˏming.
Manila 小呂宋 'Siao 'lü sung'.
Manner 樣 yang'.
Mantle-piece 火爐額 'hwo ˏlu ngoh, 火爐框 'hwo ˏlu ˏkw'ang.
Manure 糞 făn'.
Many 多 ˏto.
Map 地理圖 ti' 'li ˏt'u.
Marble 花石 ˏhwa shih, (white) 白石 pŏh, shih,
Mark (s.) 號 hao'.
Mark (v.) 打印 'ta yin', 打號 'ta hao', 畫 hwa'.
Market 市 'shi.
Marriage 婚姻 ˏhwun ˏyin.
Marry (a wife) 娶妻 ts'ü' ˏts'i, 娶親 ts'ü' ˏts'in, (a husband) 出嫁 ch'uh, kia'.
Martial 武 'wu.
Mason 泥水匠 ˏni 'shui tsiang'.
Mast 桅 ˏwéi.

75

Master 主人 'chu ‚jăn, 東家 ‚tung ‚kia, (teacher) 先生 ‚sien ‚shăng.
Mat 席子 sih, 'tsz, (cushion) 墊 tien'.
Match (Lucifer) 火柴 'hwo ‚ch'ai, 洋火 ‚yang 'hwo, 自來火 tsz' ‚lai 'hwo.
Match (v.) 配 p'éi', 對 tui'.
Match-maker 媒人 ‚méi ‚jăn.
Mate (first) 大夥 ta' 'hwo, (second) 二夥 'rh' 'hwo.
Materials 材料 ‚ts'ai liao'.
Matter 事情 shi' ‚ts'ing, (no) 不相干 puh, ‚siang ‚kan, (from a boil) 膿 ‚nung.
Mattress 褥子 juh, 'tsz.
May (v.) 可以 'h'o 'i.
Meal (a) 餐 ‚ts'an, (flour) 粉 'fŭn.
Mean (base) 賤 tsien', 卑 ‚péi.
Meaning 意思 i' sz'.
Measles 痲症 ‚ma ching', (to have) 出痲子 ch'uh, ‚ma 'tsz.
Measure (v.) 度 toh, 度量 toh, liang', (ground) 撗 yen'.
Measure (s.) 尺 ch'ih,
Meat 肉 juh,

Mechanic 工匠 ‚kung tsiang'.
Mediator 中保 ‚chung 'pao.
Medicine 藥 yoh‚
Meek 温柔 ‚wăn ‚jeu.
Meet (v.) 遇見 yü' kien'‚ 會 hwui'.
Melon 瓜 ‚kwa, (seeds) 瓜子 ‚kwa 'tsz.
Melt (v.) 消化 ‚siao hwa'‚ 鎔 ‚yung.
Memory 記性 ki' sing'.
Mencius 孟子 Măng' 'tsz.
Mend 補 'pu, 修 ‚siu.
Menses 月經 yüeh‚ ‚king.
Merchant 客商 k'oh‚ ‚shang.
Merciful 哀憐 ‚ngai ‚lien, 慈悲 ‚ts'z ‚péi.
Mercy 憐憫 ‚lien 'min.
Merit 功勞 ‚kung ‚lao, 功德 ‚kung teh‚
Merry 喜笑 'hi siao'.
Message 報信 pao' sin'.
Messenger 差人 ‚ch'ai ‚jăn, (official) 委員 'wéi ‚yüen.
Metal 五金 'wu ‚kin, 金類 ‚kin léi'.
Metempsychosis 輪回 ‚lun ‚hwui.
Method 方法 ‚fang fah‚ 法子 fah‚ 'tsz.
Metropolis 京城 ‚king ‚ch'ing.

Microscope   *Mint*

Microscope 顯微鏡 ʻhien ˌwéi king'.
Middle 中間 ˌchung ˌkien.
Middle-man 媒人 ˌméi ˌjǎn.
Midnight 半夜 pan' yé'.
Midsummer 夏至 hia' chi'.
Mid-way 半路 pan' lu'.
Midwife 接生婆 tsieh, ˌshăng ˌpʻo.
Might (v.) 可以 ʻkʻo ʻi.
Mild 溫良 ˌwăn ˌliang.
Mildew (v.) 發霉 fah, ˌméi.
Mile (⅓ of an English mile) 里 ʻli.
Military 武 ʻwu.
Milk 奶 ʻnai, (cow's) 牛奶 ˌniu ʻnai.
Mill 磨坊 mo' ˌfang.
Millet 小米 ʻsiao ʻmi.
Million 百萬 poh, wan'.
Mince 切 tsʻieh, 碎 sui'.
Mind (s.) 心 ˌsin.
Mind (v.) 留心 ˌliu ˌsin.
Mine (s.) 礦 ʻkung 井 ʻtsing.
Minister of State 臣子 ˌchʻǎn ʻtsz, (prime) 宰相 ʻtsai siang'.
Mint (the herb) 薄荷 poh, ˌho.

Minute (a) 一分時 yih, ₍făn ₍shi.
Miracle 異跡 i tsih,
Mirror 面鏡 mien' king'.
Miscarriage 小產 'siao 'ch'an.
Miscellaneous 雜 tsah,
Misery 苦楚 'k'u 'ch'u, 悽涼 ₍ts'i ₍liang.
Misfortune 不幸 puh, hing', 苦命 'k'u ming'.
Misinterpret 解錯 'kiai ts'o'.
Miss (a young lady) 小姐 'siao 'tsié, 姑娘 ₍ku ₍niang.
Miss (v.) 失 shih, (the road) 迷路 ₍mi lu'.
Missionary 傳教的人 ₍chw'en kiao' tih, ₍jăn.
Mist 霧 wu'.
Mistake 錯 ts'o'.
Mister (Mr.) 先生 ₍sien ₍shăng.
Mistress (Mrs.) 奶奶 'nai 'nai, 主母 'chu 'mu.
Misunderstand 聽錯 ₍t'ing ts'o'.
Mix 調和 ₍t'iao ho'.
Mixed 雜 tsah,
Mock 戲弄 hi' lung'.
Model 模樣 ₍mu yang'.
Moisten 潤 jun'.
Mole 田鼠 ₍t'ien 'shu.

Moment 片時 p'ien' ‚shi, 一展眼 yih, 'chen 'yen.
Monastery (Bud.) 寺 sz', (Tao.) 觀 ‚kwan, (Rom. Cath.) 修道院 ‚siu tao' yüen'.
Monday 禮拜一 'li pai' yih,
Money 錢 ‚ts'ien, 銀子錢 ‚yin 'tsz ‚ts'ien.
Mongol 蒙古 ‚Mung 'ku.
Monkey 猴子 ‚heu 'tsz.
Month 月 yüeh,
Monument 石碑 shih, ‚péi, 牌坊 ‚p'ai ‚fang.
Moon 月 yüeh, 月亮 yüeh, liang'.
Mop (s.) 洗把 'si 'pa.
More 多些 ‚to ‚sié, 更 kăng', (the more) 越 yüeh,
Moreover 況且 hwang' 'ts'ié, 又有 yiu'.
Morning 早晨 'tsao ‚shǎn, 上半天 shang' pan' ‚t'ien.
Mortar 泥 ‚ni, (pestle and mortar) 碓臼 tui' kiu'.
Mortgage 典 'tien.
Mosquito 蚊 ‚wǎn, (curtain) 蚊帳 ‚wǎn chang'.
Moss 青苔 ‚ts'ing ‚t'ai.
Most 頂 'ting, 極 kih,
Mostly 大概 ta' kai'.
Moth 蛾 ‚ngo.

Mother 母親 'mu ‚ts'in, 娘 ‚niang.
Mother-in-law 岳母 yoh, 'mu, (husband's mother) 婆婆 ‚p'o ‚p'o.
Mother-of-pearl 蚌殼 pang' k'ioh,
Motion 動 tung'.
Mouldy 生了霉 ‚shăng 'liao ‚méi.
Mount (v.) 上 'shang, 升 ‚shing.
Mountain 山 ‚shan.
Mourn 哀器 ‚ngai k'uh, 弔喪 tiao' ‚sang.
Mourning (clothes) 喪服 ‚sang fuh, 孝衣 hiao' ‚i.
Mouse 小老鼠 'siao 'lao 'shu, 耗子 hao' 'tsz.
Mouth 口 'k'eu.
Move (v.) 動 tung', (away) 挪開 ‚no ‚k'ai, (one's residence) 搬家 ‚pau ‚kia.
Mow 割 koh,
Much 多 ‚to.
Mud 泥 ‚ni.
Muff 拱手套 'kung 'sheu t'ao'.
Mulberry 桑子 ‚sang 'tsz, (tree) 桑樹 ‚sang shu'.
Mule 騾 ‚lo.
Multiply 乘 ‚shing.
Multitude 衆人 chung' ‚jăn.

Mumps 痄腮 cha' ͵sai.
Murder 兇殺 ͵hiüng shat,
Murderer 兇手 ͵hiüng 'sheu.
Murmur 埋怨 ͵mai yuen'.
Muscle 肌肉 ͵ki juh,
Mushroom 香菌 ͵hiang kiün'.
Music 樂 yoh,
Muslin 紗布 ͵sha pu'.
Must 必 pih, 必要 pih, yao'.
Mustard 芥末 kiai' moh,
Mutton 羊肉 ͵yang juh,
Mutual 相 ͵siang, 彼此 'pi 'tsz.
My 我的 'ngo tih,
Myriad 萬 wan'.
Myself 我自己 'ngo tsz' 'ki.
Mysterious 奧妙 ngao' miao'.

N

Nail (s.) 釘子 ͵ting 'tsz, (finger-) 指甲 'chi kiah,
Nail (v.) 釘 ting'.
Naked 赤身 ch'ih, ͵shăn '光 ͵kwang.
Name (s.) 名子 ͵ming 'tsz, (surname) 姓 sing'.
Name (v.) 起名 'k'i ͵ming.

Napkin 茶布 ₍ch'a pu'.
Narcissus 水仙花 'shui ₍sien ₍hwa.
Narcotic 迷藥 ₍mi yoh,
Narrow 窄 tseh,
Nation 國 kwoh,
Native 本地 'pǎn ti'.
Natural 天生 ₍t'ien ₍shǎng, 自然 tsz' jan.
Nature (disposition) 性 sing'.
Naughty 不好 puh, 'hao, 頑皮 ₍wan ₍p'i.
Near 近 kin'.
Nearly 差不多 ₍ch'a puh, ₍to, 將近 ₍tsiang kin'.
Neat 齊齊整整 ₍ts'i ₍ts'i 'ching 'ching.
Necessary 必要 pih, yao'.
Neck 頸子 'king 'tsz, 頸項 'king hiang'.
Necklace 頸鍊 'king lien'.
Need 須要 ₍sü yao'.
Needle 針 ₍chǎn.
Needlework 針線 ₍chǎn sien'.
Neglect 不顧 puh, ku'.
Neighbour 街坊 ₍kiai ₍fang, 鄰人 ₍lin ₍jǎn.
Neighbouring 鄰 ₍lin, 隔壁 koh, pih,
Neither...nor 不是...又不是 puh, shi'...yiu' puh, shi'.

Nephew 姪兒 chih, ͺrh, (sister's son) 外甥 waiʼ ͺshăng.
Nest 巢 ͺchʻao, 窩 ͺwo.
Net 網 ʻwang.
Never 未有 wéiʼ ʻyiu, 總無 ʻtsung ͺwu.
New 新 ͺsin.
News 新聞 ͺsin ͺwăn.
Newspaper 新聞紙 ͺsin ͺwăn ʻchi.
Next 次 tsʻzʼ, (day) 明日 ͺming jeh, (month) 下月 hiaʼ yüeh,
Nice 好 ʻhao.
Nickname 花名 ͺhwa ͺming.
Niece 姪女 chih, ʻnü, (sister's daughter) 外生姑娘 waiʼ ͺshăng ͺku ͺniang.
Niggardly 慳客 ͺkien linʼ.
Night 夜 yéʼ, 夜晚 yéʼ ʻwan.
Nine 九 ʻkiu.
Nip 揑 nieh, 鉗 ͺkʻien.
No 不是 puh, shiʼ, 無 ͺwu.
Noble 尊貴 ͺtsun kwéiʼ.
Nod 點頭 ʻtien ͺtʻeu.
Noise 聲 ͺshing, 響 ʻhiang.
Noisy 嘈 ͺtsʻao.

Nominal 有名無實 ʻyiu ˏming ˏwu shih,
None 沒有 muh, ʻyiu.
Nonsense 糊說 ˏhu shwoh,
Noon 正午 ching' ʻwu, 中午 ˏchung ʻwu.
North 北 poh,
Nose 鼻子 pi' ʻtsz.
Nostril 鼻孔 pi' ʻkʻung.
Not 不 puh, 非 ˏfei.
Note (s.) 信兒 sin' ˏʻrh, (bank-note) 票子 pʻiao' ʻtsz, (in music) 音 ˏyin.
Nothing 無 ˏwu, 沒有甚麼 muh, ʻyiu shăn' ʻmo.
Notice (to) 看 kʻan'.
Nourish 養 ʻyang.
Novel (s.) 小說 ʻsiao shwoh,
Now 如今 ˏjü ˏkin, 現在 hien' tsai'.
Numb 痲痺 ˏma muh,
Number 數目 sho' muh,
Nun (Bud.) 尼姑 ˏni ˏku, (Tau.) 道姑 tao' ˏku, (Vegetarian) 齋姑 ˏchai ˏku, (Rom. Cath.) 修道女 ˏsiu tao' ʻnü.
Nunnery 庵堂 ˏngan ˏtʻang.
Nurse (s.) 媽媽 ʻma ʻma, (wet) 奶媽 ʻnai ʻma.

Nurse (v.) 抱 pao', (take care of one's health) 養身 ‘yang ˏshǎn.
Nut 榧子 ‘féi ‘tsz.

O

Oar 漿 ‘tsiang.
Oath (to make an) 起誓發願 ‘k'i shi' fah, yüen'.
Oatmeal 粗麥粉子 ˏts'u meh, ‘fǎn ‘tsz.
Oats 大麥 ta' meh,
Obedient 聽話 t'ing' hwa', 順 shun'.
Obey 遵 ˏtsun, 聽從 t'ing' ˏts'ung.
Object (v.) 駁嘴 poh, ‘tsui.
Oblige (or force) 勉强 ‘mien ‘k'iang.
Obliged (much) 多謝 ˏto sié', (to you) 費你的心 féi' ‘ni tih, ˏsin.
Obstinate 拘執 ˏkü chih, (as a child) 傲降 ngao' kiang'.
Obstruct 防碍 ˏfang ngai', 攔阻 ˏlan ‘chu.
Obtain 得 teh,
Occupation 本業 ‘pǎn yeh, 工夫 ˏkung ˏfu.
Ocean 洋海 ˏyang ‘hai.
Odour 氣息 k'i' sih, (fragrant) 香氣 ˏhiang k'i', (bad) 臭氣 ch'eu' k'i'.

Of 之 ₍chi, 的 tih,
Offence 罪 tsui', (to take) 見怪 kien' kwai'.
Offend 得罪 teh, tsui', 犯 fan'.
Offer (a price) 出價 ch'uh, kia', (a sacrifice) 獻祭 hien' tsi', (a present) 送禮 sung' 'li.
Office 職 chih, (building) 館 'kwan, (government) 衙門 ₍ya ₍mǎn.
Official 官 ₍kwan.
Officious 多事 ₍to shi'.
Often 屢次 lü' ts'z', 常 ₍shang.
Oh! 挨呀 ₍ai ₍ya!
Oil 油 ₍yiu.
Ointment 搽藥 ₍ch'a yoh, (for sores) 瘡藥 ₍chw'ang yoh,
Old 老 'lao, 老年的 'lao ₍nien tih, (things) 舊 kiu'.
Olive 橄欖 'kan 'lan.
Omelet 雞蛋餅 ₍ki tan' 'ping.
Omen 兆 chao', 兆頭 chao' ₍t'eu.
Omit 掉了 tiao' 'liao.
On 上 shang', 在上 tsai' shang'.
Once 一回 yih, ₍hwui, (at) 立刻 lih, k'oh,
One 一 yih, 一個 yih, ko'.

Onion 葱頭 ,ts'ung ,t'eu.
Only 獨 tuh, 只 chih, 光 ,kwang, 單 ,tan.
Onward 向前 hiang' ,ts'ien.
Opaque 不透光 puh, t'eu' ,kwang.
Open 開 ,k'ai.
Opium 鴉片 ,ya p'ien', 洋烟 ,yang ,yen.
Opium-shop 烟館 ,yen 'kwan.
Opportunely 恰好 k'iah, 'hao.
Opportunity 機會 ,ki hwui'.
Oppose 對 tui', 擋住 'tang chu'.
Opposite 對面 tui' mieu', (contrary) 相反 ,siang 'fan.
Optional 隨便 ,sui pien'.
Or 或 hwoh,
Orange 橘子 küh, 'tsz, 柑子 ,kan 'tsz.
Order (in) 次序 ts'z' sü', (put in) 擺好 'pai 'hao.
Order (v.) 吩咐 ,fǎn fu'.
Ore 磺 'kung.
Organ 琴 ,k'in, (to play the) 彈 ,t'an 琴 ,k'in.
Origin 本 'pǎn, 原 ,yüen.
Ornament (s.) 粧飾 ,chwang shih, (for the head) 首飾 'sheu shih,
Orphan 孤子 ,ku 'tsz.

Ostrich 鴕鳥 ‚t'o 'niao.
Other 別個 pieh, ko', 他 ‚t'a.
Ought 應當 ‚ying ‚tang, 應該 ‚ying ‚kai.
Ounce (Chinese=1½ Eng. oz.) 兩 'liang.
Our 我們的 'ugo ‚măn tih,
Out 出 ch'uh, 外 wai'.
Outside 外頭 wai' ‚t'eu, 外面 wai' mien'.
Oval 腰子形 ‚yao 'tsz ‚hing.
Over 過 kwo', 餘 ‚yü, (above) 上 shang'.
Overcome 勝過 shing' kwo', 克 k'oh,
Overseer 監督 ‚kien tuh,
Overshadow 遮 ‚ché, 蔭 ‚yin.
Overturn 打倒 'ta 'tao.
Owe 欠 k'ien'.
Owl 貓頭鷹 ‚mao ‚t'eu ‚ying.
Own (one's) 自己的 tsz' 'ki tih,
Own (v.) 認 jăn'.
Ox 牛 ‚niu.
Oyster 蠔 ‚hao.
Oyster-shell windows 亮瓦 liang' 'wa.

P

Pacific Ocean 太平洋 T'ai' ‚p'ing ‚yang.
Pack (v.) 收拾 ‚sheu shih, 包好 ‚pao 'hao.

Package 一包 yih, ˏpao.
Padlock 荷包鎖 ˏho ˏpao 'so.
Page (of a book) 篇 ˏp'ien, 版 'pan, 半頁 pan' hieh,
Pagoda 塔 tah, 寶塔 'pao tah,
Pail 水桶 'shui 't'ung.
Pain 痛 t'ung', 疼 ˏt'ăng.
Paint 油色 ˏyiu seh, 油漆 ˏyiu tsih,
Painter 油漆匠 ˏyiu tsih, tsiang', (picture) 畫匠 hwa' tsiang', 畫師 hwa' ˏshi.
Pair (s.) 對 tui', 雙 ˏshwang.
Palace 宮 ˏkung, 宮殿 ˏkung tien'.
Pale 土色 't'u seh,
Paling 欄杆 ˏlan ˏkan.
Palm-tree 棕樹 ˏtsung shu', (cocoanut) 椰樹 ˏyé shu'.
Palm (of the hand) 手掌 'sheu 'chang.
Palsy 癱瘋 ˏt'an ˏfung.
Pan-cakes 蛋捲 tan' 'küen.
Paper 紙 'chi.
Paper-money (for worship) 元寶 ˏyuen 'pao, 錢紙 ˏts'ien 'chi, 金銀錠 ˏkin ˏyin ting'.
Parable 譬喻 p'i' yü'.

Paradise 樂園 loh, ₍yüen.
Paragraph 叚 twan'.
Parallel 平行 ₍p'ing ₍hing.
Paralysis 癱 ₍t'an.
Parcel 包 ₍pao.
Pardon 赦免 shé' 'mien, (I beg your) 得罪了 teh, tsui' 'liao.
Pare 削 sioh,
Parents 父母 fu' 'mu.
Parrot 鸚哥 ₍ying ₍ko.
Parsley 芹菜 ₍k'in ts'ai'.
Parsnip 葫蘿蔔 ₍hu ₍lo ₍p'u
Part (s.) 分 fān'.
Part (v.) (with) 捨 'shé.
Partial 偏愛 ₍p'ien ngai'.
Particle (word) 虛字眼 ₍hü tsz' 'yen.
Particularly 特要 t'eh, yao'.
Partition (s.) 隔壁 koh, pih,
Partner 夥計 'hwo ki'.
Partridge 竹鷄 chuh, ₍ki.
Pass (v.) 走過 'tseu kwo'.
Passion 怒 nu', (the seven passions) 七情 ts'ih, ₍ts'ing.

Passionate 火性 'hwo sing'.
Passive (signs of the) 受 sheu', 被 péi', 見 kieu'.
Passport 路票 lu' p'iao', 執照 chih, chao'.
Past 過了 kwo' 'liao, (sign of the) 巳經 'i ‚king.
Paste (s.) 糊 ‚hu, 漿糊 ‚tsiang ‚hu.
Paste (v.) 裱 'piao, 粘 ‚nien.
Pastor 牧師 muh, ‚sz.
Pastry 點心 'tien ‚sin, 麵食 mien' shih,
Pat (v.) 拍 p'oh,
Patch 補 'pu.
Patience 忍耐 'jăn nai'.
Patronize 照顧 chao' ku'.
Pattern 樣子 yang' 'tsz.
Pavement 石路 shih, lu'.
Paw 掌 'chang, 爪 'chao.
Pawn (v.) 當 tang', (ticket) 當票 tang' p'iao', (broker) 當主 tang' 'chu, (shop) 當舖 tang' p'u'.
Pawn (s.) (in chess) 卒 tsuh,
Pay 交 ‚kiao, (back) 還 ‚hwan.
Peace 平安 ‚p'ing ‚ngan, 和平 ‚hwo ‚p'ing.
Peach 桃子 ‚t'ao 'tsz.
Peacock 孔雀 'k'ung tsioh, (feather) 翎 ‚ling.

Peak 山峰 ˌshan ˌfung.
Pear 沙梨 ˌsha ˌli.
Pearl 珍珠 ˌchăn ˌchu.
Peas 青荳 ˌts'ing teu', 豌荳 ˌwan teu'.
Peck (s.) 斗 'teu.
Pecul (a) (100 catties) 一擔 yih, tan'.
Peel (v.) 剝皮 poh, ˌp'i.
Peep (v.) 窺探 ˌkw'éi t'an'.
Peking 北京 Poh, ˌking.
Pen, pencil 筆 pih,
Penetrate 透 t'eu'.
Penitence 悔心 hwui' ˌsin.
Peony 牡丹花 'meu ˌtan ˌhwa.
People 百姓 poh, sing'.
Pepper 胡椒 ˌhu ˌtsiao, (cayenne) 辣椒 lah, ˌtsiao.
Peppermint 薄荷 poh, ˌho.
Perceive 覺得 kioh, teh,
Per cent (take off five) 九五扣 'kiu 'wu k'eu'.
Perfect 完全 ˌhwan ˌts'üen.
Perfectly 十分 shih, ˌfăn.
Perforate 穿 ˌchw'en, 鑽通 ˌtsan ˌt'ung.
Perfume 香料 ˌhiang liao'.

Perhaps 或者 hwoh, ʻché.
Perish 滅亡 mieh, ˏwang, 沉淪 ˏchʻăn ˏlun.
Permit 准 ʻchun, 許 ʻhü.
Perpendicular 豎直 shuʼ chih,
Persecute 逼迫 pih, poh,
Perseverance 恆心 ˏhăng ˏsin.
Persimmon 柿子 shiʼ ʻtsz.
Perspiration 汗 hanʼ.
Perspire 出汗 chʻuh, hanʼ.
Persuade 勸化 kʻüenʼ hwaʼ.
Perverse 乖 ˏkwai, 拗 ngaoʼ.
Pestilence 瘟疫 ˏwăn yih,
Pestle 杵子 ʻchʻu ʻtsz, (for rice) 碓 tuiʼ.
Petal 花瓣 ˏhwa panʼ.
Petition 禀 ʻpin.
Pheasant 野鷄 ʻyé ˏki, (golden) 錦鷄 ʻkin ˏki.
Phlegm 痰 ˏtʻan.
Phœnix 鳳凰 fungʼ ˏhwang.
Photograph 影相 ʻying siangʼ.
Phrase 句 küʼ.
Physiognomist 看相先生 kʻanʼ siangʼ ˏsien ˏshăng.
Piano 洋琴 ˏyang ˏkʻin.

Pick (up) 揀起來 ʻkien ʻkʻi ˍlai, (flowers) 採花 ʻtsʻai ˍhwa, 摘 tseh,
Pickles 酸菓 ˍswan ʻkwo.
Picture 畫 hwaʼ, (frame) 畫架 hwaʼ kiaʼ.
Piece 一塊 yih, kwʻaiʼ, (of cloth) 一疋 yih, pʻih,
Pierce 鑽 ˍtsan, 刺 tsʻzʼ.
Piety 虔敬 ˍkʻien kingʼ, (filial) 孝 hiaoʼ.
Pig 猪 ˍchu.
Pigeon 白鴿 poh, koh,
Pig-tail 辮子 ˍpien ʻtsz.
Piles (haemorrhoids) 痔 chiʼ.
Pill 丸 ˍhwan, 藥丸 yoh, ˍhwan.
Pillar 柱頭 chuʼ ˍtʻeu.
Pillow 枕頭 ʻchăn ˍtʻeu.
Pilot 引水人 ʻyin ʻshui ˍjăn.
Piloting 帶船 taiʼ ˍchwʻen.
Pin 針 ˍchăn, 釘 ˍting.
Pinafore 圍裙 ˍwéi ˍkʻiün.
Pincers 鉗 ˍkʻien.
Pinch 夾 kiah, 鑷 nieh,
Pine (wood) 杉木 ˍshan muh,
Pine-apple 波羅菓 ˍpo ˍlo kwoʼ.
Pinnacle 頂 ʻting.

Pious 虔心 ₍k'ien ₍sin.
Pipe 筒 ₍t'ung, 烟筒 ₍yen ₍t'ung.
Pirate 海賊 'hai tseh,
Pistil 花蕊 ₍hwa 'jui.
Pistol 手鎗 'sheu ₍ts'iang.
Pit 坑 ₍k'ǎng.
Pity 可憐 'k'o ₍lien, 憐憫 ₍lien 'min.
Placard 揭帖 kieh, t'ieh, (anonymous) 白帖 poh, t'ieh,
Place 地方 ti' ₍fang.
Plague 瘟疫 ₍wǎn yih,
Plain 明白 ₍ming poh, (even) 平 ₍p'ing, (unadorned) 素 su'.
Plain (s.) 平原 ₍p'ing ₍yüen.
Plait 編 ₍pien, (the queue) 打辮 'ta pien'.
Plan 方法 ₍fang fah, 謀 ₍meu, 計 ki'.
Planet 行星 ₍hing ₍sing.
Plank 板子 'pan 'tsz, 木板 muh, 'pan.
Plant (v.) 種 chung', 栽 ₍tsai.
Plantain 蕉 ₍tsiao, 芭蕉 ₍pa ₍tsiao.
Plaster (v.) 上灰 shang' ₍hwui, 塗 ₍t'u.
Plaster (s.) (a medical) 膏藥 ₍kao yoh,
Plate 盤子 ₍p'an 'tsz, 碟 tieh,

Platform 臺 ₍t'ai.
Play 頑耍 ₍wan sha', (to act play) 做戲 tso' hi'.
Pleasant 好 'hao, 爽快 'shwang kw'ai'.
Please 樂 loh, 悅 yüeh, (if you) 請 'ts'ing, (as you) 隨便 ₍sui pien'.
Pleased 喜歡 'hi ₍hwan.
Pleasure 快樂 kw'ai' loh,
Pledge 當頭 tang' ₍t'eu.
Plough (s.) 犂耙 ₍li pa'.
Plough (v.) 耕 ₍kăng.
Plum 李子 'li 'tsz.
Pocket 袋 tai', 荷包 ₍ho ₍pao.
Pockmarked 痲子 ₍ma 'tsz.
Poem (a) 一首詩 yih, 'sheu ₍shi.
Poignant 辣 lah,
Point 尖 ₍tsien.
Poison 毒 tuh, 毒物 tuh, wuh,
Poker 火棍 'hwo kwun'.
Pole (s.) 杆 ₍kan, (north) 北極 poh, kih,
Pole (v.) (a boat) 撐船 ₍ch'ăng ₍chw'en.
Police 差役 ₍ch'ai yih, 衙役 ₍ya yih, 查街的 ₍ch'a ₍kiai tih,
Polish 磨光 ₍mo ₍kwang.

| Polite | Post |

Polite 有禮的 'yiu 'li tih,
Politeness 禮行 'li ˎhing, 禮貌 'li mao'.
Pollute 污穢 ˎwu wéi'.
Pomegranate 石榴 shih, ˎliu.
Pond 池塘 ˎch'i ˎt'ang.
Pongee 綢 ˎch'eu.
Poor 窮 ˎk'iüng.
Pope 教王 kiao' ˎwang.
Poppy 罌粟 ˎying suh,
Population 戶口 hu' 'k'eu.
Porcelain 磁器 ˎts'z k'i'.
Porch 廊 ˎlang, 頭門 ˎt'eu ˎmăn.
Porcupine 豪豬 ˎhao ˎchu.
Pork 豬肉 ˎchu juh,
Porpoise 海豬 'hai ˎchu.
Porridge 麥粉羹 meh, 'făn ˎkăng.
Port (a) 海口 'hai 'k'eu.
Porter (a) 看門的 k'an' ˎmăn tih, (carrier) 挑夫 ˎt'iao ˎfu.
Portrait 像 siang'.
Portugal 西洋國 ˎSi ˎyang kwoh,
Possible 可能 'k'o ˎnăng, 做得的 tso' teh, tih,
Post (s.) 木柱 muh, chu'.

Post-office 信行 sin' ˌhang, 信局 sin' küh,
Pot 壺 ˌhu.
Potato 荷蘭薯 ˌho ˌlan ˌshu, 洋薯 ˌyang ˌshu, (sweet) 紅薯 ˌhung ˌshu.
Pottery 瓦器 'wa k'i'.
Poultice (v.) 用麥麩子敷 yung' meh, ˌfu 'tsz ˌfu.
Pound (a) 一磅 yih, ˌp'ang, 十二兩 shih, 'rh' 'liang.
Pour (out) 倒 tao' (in) 灌 kwan'.
Powder 粉 'fǔn, 散 'san.
Power 能 ˌnǎng, 力 lih, (authority) 權柄 ˌk'üen ping'.
Practise 學習 hioh, sih,
Praise 讚美 tsan' 'méi, 誇獎 ˌkw'a 'tsiang.
Pray 祈禱 ˌk'i 'tao, 禱告 'tao kao'.
Preach 講書 'kiang ˌshu.
Precious 寶貝 'pao péi'.
Precipice 山崖 ˌshan ˌyai.
Predict 豫言 yü' ˌyen, 先說 ˌsien shwoh,
Preface 書序 ˌshu sü', 小引 'siao 'yin.
Prefect 知府 ˌchi 'fu, 知縣 ˌchi hien'.
Pregnant 懷孕 ˌhwai yiu'.

Premature 太早 t'ai' 'tsao, (confinement) 小產 'siao 'ch'an.
Prepare 預備 yü' pi'.
Prescription 藥方 yoh, ‚fang.
Presence 面前 mien' ‚ts'ien.
Present (at) 現在 hien' tsai'.
Present (s.) 禮物 'li wuh,
Present (v.) 送 sung'.
Presently 就 tsiu'.
Preserve 保存 'pao ‚ts'un.
Preserves 糖菓 ‚t'ang 'kwo.
President 頭目 ‚t'eu muh,
Press (s.) 櫃子 kwéi' 'tsz, (printing) 印書架 yin' ‚shu kia'.
Press (v.) 壓住 yah, chu'.
Pretend 假 'kia, 裝 ‚chwang.
Pretty 好看 'hao kan'.
Prevent 攔阻 ‚lan 'chu.
Price 價錢 kia' ‚ts'ien.
Prick 刺 ts'z'.
Prickly heat 痱子 féi' 'tsz.
Pride 驕傲 ‚kiao ngao'.

Priest 祭司 tsi' ˌsz, (Bud.) 和尚 ˌhwo shang',
 (Tao.) 道士 tao' sz', (Rom.) 神父 ˌshan fu'.
Prime Minister 宰相 'tsai siang'.
Prince 王子 ˌwang 'tsz.
Princess 公主 ˌkung 'chu.
Principally 大概 ta' kai'.
Principles 理 'li.
Print (v.) 印 yin'.
Printing office 印書館 yin' ˌshu 'kwan.
Prison 監 ˌkieu, 牢 ˌlao.
Prisoner 囚犯 ˌsiu fan'.
Private 私 ˌsz, 密 mih,
Privy (s.) 茅厠 ˌmao ts'z'.
Prize (s.) 賞號 'shang hao'.
Probably 或者 hwoh, 'ché, 大約 ta' yoh,
Procession (idolatrous) 菩薩出遊 ˌp'u sah, ch'uh, ˌyiu.
Proclamation 告示 kao' shi'.
Prodigal (s.) 浪子 'lang 'tsz.
Produce 出 ch'uh,
Profession (calling) 事業 shi' yeh,
Profit 利 li', 益處 yih, ch'u'.
Profligate 放蕩 fang' tang'.

Prognosticate 占卜 chen' puh,
Prohibit 禁戒 kin' kiai'.
Promise 應許 ying 'hü.
Pronounce 說出來 shwoh, ch'uh, ‚lai.
Pronunciation 口音 'k'eu ‚yin.
Proof 憑據 ‚p'ing kü'.
Proper 合宜 hoh, ‚i.
Property 家財 ‚kia ‚ts'ai.
Prophet 先知 ‚sien ‚chi.
Propitiate 挽回 hwan' ‚hwui.
Propitious 吉 kih,
Propriety 禮義 'li i'.
Prosecute 告 kao'.
Prospect 光景 ‚kwang 'king.
Prosper 興旺 ‚hing wang'.
Prostitute 娼婦 ‚ch'ang fu'.
Prostrate 俯伏 'fu fuh,
Protect 保佑 'pao yiu'.
Proud 驕傲 ‚kiao ngao'.
Prove 驗 yen', 看是不是 k'an' shi' puh, shi'.
Proverb 俗語 suh, 'yü.
Provide 豫備 yü' pi'.
Province 省 'shăng.

Provisions 糧 ₍liang, 食物 shih, wuh,
Provoke 惹 ʻjé.
Prunes 梅子 ₍méi ʻtsz.
Public 公 ₍kung.
Pucker 縐 tseuʼ, 打縐 ʻta tseuʼ.
Pudding 點心 ʻtien ₍sin.
Pull 拉 lah, (out) 拔出 pah, chʻuh,
Pulpit 講書檯 ʻkiang ₍shu ₍tʻai.
Pulse (the) 脈 meh, (lentils) 荳 teuʼ.
Pumelo 柚子 yiuʼ ʻtsz.
Punctual 照時候 chaoʼ ₍shi heuʼ.
Punctuate 點書 ʻtien ₍shu.
Pungent 辣 lah,
Punish 罰 fah,
Punishment 刑罰 ₍hing fah,
Punkah 風扇 ₍fung shenʼ.
Pupil 學生 hioh, ₍shăng, (of the eye) 瞳人 ₍tʻung ₍jăn.
Pure 潔 kieh, 清 ₍tsʻing.
Purgative 瀉藥 sieʼ yoh,
Purple 葡萄色 ₍pʻu ₍tʻao seh,
Purposely 故意 kuʼ iʼ.
Purse 荷包 ₍ho ₍pao.

103

Pursue 追 ˬchui, 趕 'kan.

Push 推 ˬt'ui.

Put 放 fang', (on) 穿 ˬchw'en.

Putty 桐油灰 ˬt'ung ˬyiu ˬhwui.

Q

Quail (s.) 鵪鶉 ˬugan ˬshun.

Quantity 數量 shu' liang'.

Quarrel 爭鬧 ˬchăng nao'.

Quarter (a) 四分之一 sz' făn' ˬchi yih,

Queen 皇后 ˬhwang heu'.

Queer 怪 kwai'.

Quench 熄 sib, 滅 mieh,

Question 問 wăn'.

Quick 快 kw'ai'.

Quicksilver 水銀 'shui ˬyin.

Quiet 安靖 ˬngan tsing'.

Quilt 被窩 pei' ˬwo.

Quince 木瓜 muh, ˬkwa.

Quinine 金雞納霜 ˬkin ˬki nah, ˬshwang.

Quite 全 ˬts'üen.

Quote 引書 'yin ˬshu.

R

Rabbit 白兎 poh, t'u'.
Race (v.) 跑 'p'ao.
Radicals 字部 tsz' pu'.
Radish 紅蘿蔔 ₒhung ₒlo p'oh.
Raft 木筏 muh, ₒp'ai.
Rags 爛布 lan' pu'.
Railings 欄杆 ₒlan ₒkan.
Railway 鐵路 t'ieh, lu'.
Rain (s.) 雨 'yü.
Rain (v.) 落雨 loh, 'yü, 下雨 hia' 'yü.
Rainbow 天虹 ₒt'ien ₒhung.
Raise 起 'k'i.
Raisins 葡萄子 ₒp'u ₒt'ao 'tsz.
Rake (a) 一張耙 yih, ₒchang pa'.
Ramble 遊玩 ₒyiu wan'.
Rank 等 'tăng, 品 'p'in.
Ransom 贖 shuh,
Rapid 急 kih,
Rapids 灘 ₒt'an.
Rare 罕 'han, 少有 'shao 'yiu.
Rat 老鼠 'lao 'shu.

105

Rate 價錢 kia' ₍ts'ien.
Rather 寧可 ₍ning 'k'o.
Rattan 籐 ₍t'ăng.
Raven 烏鴉 ₍wu ₍ya.
Raw 生 ₍shăng.
Razor 剃頭刀 t'i' ₍t'eu ₍tao.
Reach 到 tao'.
Read 讀 tuh, (in silence) 看書 k'an' ₍shu.
Ready 預備 yü' pi', (-made) 現成 hien' ₍ch'ing.
Real 眞 ₍chăn.
Really 果然 kwo' ₍jan.
Reap 收割 ₍sheu koh.
Rear (v.) 養 'yang.
Reason (s.) 緣故 ₍yuen ku'.
Reason (v.) 辯論 pien' lun'.
Reasonable 有理 'yiu 'li.
Rebel (v.) 作反 tsoh, 'fan.
Rebuke 責備 tseh, pi'.
Receipt 收單 ₍sheu ₍tan.
Receive 受 sheu', 接 tsieh,
Recently 近來 kin' ₍lai.
Recipe 方子 ₍fang 'tsz.
Recite 念 nien', (lessons) 背書 péi' ₍shu.

Reckon 算 swan'.
Recognise 認得 jăn' teh,
Recollect 記得 ki' teh,
Recommend 舉薦 'kü tsien'.
Recompense 報 pao'.
Reconciled 復和 fuh, ‚hwo.
Record 錄 luh, 記 ki'.
Recover (from illness) 病好 ping' 'hao.
Red 紅 ‚hung.
Redeem 贖 shuh,
Reduce 減 'kien.
Reed 蘆葦 ‚lu 'wéi.
Refer (v.) 指 'chi.
Reflect 反照 'fan chao'.
Reform 改過 'kai kwo'.
Refrain 戒 kiai'.
Refuse (v.) 推辭 ‚t'ui ‚ts'z.
Regardless 不理 puh, 'li.
Regards (to express) 問候 wăn' heu'.
Regenerate 重生 ‚ch'ung ‚shăng.
Regiment 營 ‚ying.
Register (s.) 譜 'pu.
Register (v.) 上冊 'shang ch'eh,

Regret 後悔 heu' 'hwui.
Reign (v.) 坐位 tso' wéi'.
Reins 轡頭 p'éi' ˌt'eu.
Reject 丟棄 ˌtiu k'i'.
Rejoice 歡樂 ˌhwan loh,
Relations 家族 ˌkia tsuh, (by marriage) 親戚 ˌts'in ts'ih,
Release 放 fang'.
Relieve 救濟 kiu' tsi'.
Religion 敎 kiao'.
Relinquish 捨 'shé.
Rely (on) 靠 k'ao'.
Remain (over) 剩下 shing' hia'.
Remedy 法 fah,
Remember 記得 ki' teh,
Remind 提醒 ˌt'i 'sing.
Remnants 零碎 ˌling sui'.
Remonstrate 責論 tseh, lun'.
Remove 除去 ˌch'u k'ü', (from office) 革 koh, (to another house) 搬家 ˌpan ˌkia.
Rent (s.) 租錢 ˌtsu ˌts'ien, 租銀 ˌtsu ˌyin.
Rent (v.) 租 ˌtsu.
Repair 修 ˌsiu, 補 'pu.

Repay 還 ‚hwan.
Repeat 再 說 tsai' shwoh,
Repent 悔 罪 'hwui tsui'.
Reply (s.) 回 音 ‚hwui ‚yin.
Reply (v.) 回 答 ‚hwui tah,
Reprove 責 tseh, 說 shwoh,
Require 須 要 ‚sü yao'.
Requite 報 pao'.
Rescue 救 kiu'.
Resemblance 像 貌 siang' mao'.
Resemble 象 siang'.
Resentment 怨 恨 yuen' hăn'.
Resolve 定 心 ting' ‚sin.
Respect 敬 king', 重 chung'.
Respectable 體 面 't'i mien'.
Respectful 恭 敬 ‚kung king'.
Respiration 呼 吸 ‚hu hih,
Responsible 是 問 shi' wăn'.
Rest (s.) 安 息 ‚ngan sih,
Rest (v.) 歇 hieh,
Restrain 禁 戒 kin' kiai'.
Results 關 係 ‚kwan hi'.
Resurrection 復 活 fuh, hwoh,

Retain 留下 ‚liu hia'.
Retaliate 報仇 pao' ‚ch'eu.
Retire 退 t'ui'.
Retort (v.) 還口 ‚hwan 'k'eu.
Retract 食言 shih, ‚yen.
Retreat 退步 t'ui' pu'.
Retribution 報應 pao' ying'.
Return 回來 ‚hwui ‚lai.
Revenge 報仇 pao' ‚ch'eu.
Reverence 恭敬 ‚kung king'.
Reverse (s.) 相反 ‚siang 'fan.
Revile 罵 ma'.
Revise 改正 'kai ching', (lessons) 溫書 ‚wăn ‚shu.
Revive 復興 fuh, ‚hing, (from the dead) 復活 fuh, hwoh,
Revolt 背叛 pui' pan'.
Revolution 周 ‚cheu, (in a state) 國變 kwoh, pien'.
Reward 賞賜 'shang ts'z'.
Rheumatism 風濕 ‚fung shih,
Rhyme (s.) 韻 yuin'.
Rhyme (v.) 押韻 yah, yuin'.

Rib 肋條 leh, ₍t'iao, (ribs) 排骨 ₍p'ai kuh,
Ribbon 絲帶 ₍sz tai'.
Rice 米 'mi, (boiled) 飯 fan'.
Rich 富貴 fu' kwéi', (to become) 發財 fah, ₍ts'ai.
Riddle 謎 mi'.
Ride 騎 ₍k'i.
Ridiculous 可笑 'k'o siao'.
Right 不錯 puh, ts'o', (side) 右邊 yiu' ₍pien.
Righteous 義 i'.
Rigid 硬 ying'.
Ring (s.) 環 ₍hwan, 箍子 ₍ku 'tsz, (finger) 戒指 kiai' 'chi,
Ring (v.) (a bell) 打鐘 'ta ₍chung, 搖鈴 ₍yao ₍ling.
Ringworm 癬 'sien.
Riot 大鬧事 ta' nao' shi', 作亂 tsoh, lwan'.
Ripe 熟 shuh,
Rise 起來 'k'i ₍lai.
Rite 禮儀 'li ₍i.
Rival 對頭 tui' ₍t'eu.
River 江 ₍kiang, 河 ₍ho.
Rivet (s.) 鏨子 p'an' 'tsz.
Rivet (v.) 補 'pu.

Road 路 lu'.
Roast 燒 ˬshao, 烘 ˬhung.
Robber 賊 tseh, 強盜 ˬk'iang tao'.
Rock 磐石 ˬp'an shih,
Rod 竿 ˬkan.
Roll (s.) 卷子 ʻküen ʻtsz.
Roll (v.) (up) 捲起來 ʻküen ʻk'i ˬlai.
Roller (garden) 輥子 ʻkwun ʻtsz, 石滾 shih, ʻkwun.
Roman Catholic 天主教 ˬT'ien ʻChu kiao'.
Romance 小說 ʻsiao shwoh,
Rome 羅馬 ˬLo ʻma.
Roof 屋頂 wuh, ʻting.
Room 房子 ˬfang ʻtsz.
Root 根 ˬkăn.
Rope 繩子 ˬshing ʻtsz.
Rose 玫瑰花 ˬméi kwéi' ˬhwa.
Rotten 爛 lan', 枯槁 ˬk'u ʻkao.
Rouge 胭脂 ˬyen ˬchi.
Rough 粗 ˬts'u.
Round 圓 ˬyuen.
Row (s.) 行 ˬhang.
Row (v.) 搖 ˬyao, 盪 tang'.

112

Rub 磨 ˏmo, (on) 塗 ˏt'u, (out) 抹掉 moh, tiao'.
Rudder 舵 to'.
Rude 無禮 ˏwu 'li, 粗 ˏts'u.
Rug 毡子 ˏchen 'tsz.
Ruin 敗壞 pai' hwai', 朽壞 'hiu hwai'.
Rule 規矩 ˏkwéi 'kü, (to govern) 管理 'kwan 'li.
Ruler 主宰 'chu 'tsai, (a ferule) 戒尺 kiai' ch'ih,
Rumour 風聲 ˏfung ˏshing, 謠言 ˏyao ˏyen.
Run 跑 'p'ao.
Running-hand 草書 'ts'ao ˏshu.
Russia 鵝國 ˏNgo kwoh,
Rust (v.) 生銹 ˏshăng siu'.
Rye 小麥 'siao meh,

S

Sabbath 安息日 ˏNgan sih, jeh,
Sack 口袋 'k'eu tai'.
Sacrifice (s.) 祭物 tsi' wuh,
Sacrifice (v.) 獻祭 hien' tsi'.
Sad 憂愁 ˏyiu ˏts'eu.
Saddle 馬鞍 'ma ˏngan.
Safe (adj.) 穩當 'wăn tang'.
Safe (s.) (a meat) 風櫃 ˏfung kwéi', (an iron) 鐵箱 t'ieh, ˏsiang.

Sages 聖人 shing' ‚jăn.
Sago 西米 ‚si 'mi.
Sail (s.) 篷 ‚p'ăng.
Sail (v.) 起篷 'k'i ‚p'ang, (start) 開船 ‚k'ai ‚chw'en.
Sailor 水手 'shui 'sheu.
Salad 生菜 ‚shăng ts'ai'.
Salary (official's) 俸祿 'fung luh, (teacher's) 修金 ‚siu ‚kin.
Sale (for) 出賣 ch'uh, mai'.
Saliva 口水 'k'eu 'shui.
Salt 鹽 ‚yen, (salted) 鹹 ‚hien.
Salute (v.) 請安 'ts'ing ‚ngan.
Salvation 得救 teh, kiu'.
Same 同 ‚t'ung, 一樣 yih, yang'.
Sample 樣子 yang' 'tsz.
Sand 沙 ‚sha.
Sandals 草鞋 'ts'ao ‚hiai.
Sandal-wood 檀香 ‚t'an ‚hiang.
Sap 樹汁 shu' chih,
Sarcasm 譏諷 ‚ki ‚ts'z.
Sash 帶子 tai' 'tsz.
Satin 緞 twan'.

Satisfied 足心 tsuh, ₍sin.
Saturday 禮拜六 'li pai' luh,
Sauce 醬 tsiang'.
Saucepan 煲 ₍pao.
Saucer 茶船 ₍ch'a ₍chw'en, 茶碟 ₍ch'a tieh,
Sausages 猪腸 ₍chu ₍ch'ang.
Savage 野人 'yé ₍jăn.
Save 救 kiu'.
Saviour 救世主 kiu' shi' 'Chu.
Savour 味道 wéi' tao'.
Saw (s.) 把鋸子 'pa kü' 'tsz.
Saw (v.) 鋸 kü'.
Sawdust 鋸末 kü' moh,
Say 說 shwoh,
Scald 燙傷 t'ang' ₍shang, 燙 t'ang'.
Scales 天平 ₍t'ien ₍p'ing, (of fish) 魚鱗 ₍yü ₍lin.
Scandal (to talk) 說人是非 shwoh, ₍jăn shi' ₍féi.
Scar 痕 ₍hăn.
Scarce 少 'shao, 難得 ₍nan teh,
Scarlet 大紅 ta' ₍hung.
Scatter 散開 san' ₍k'ai.
Scenery 光景 ₍kwang 'king.
Scent 香 ₍hiang.

Scholar 讀書人 tuh, ,shu ,jǎn, (a pupil) 學生 hioh, ,shǎng.
School 學堂 hioh, ,t'ang, (free) 義學 i' hioh,
School-master 先生 ,sien ,shǎng.
Scissors 剪子 'tsieu 'tsz.
Scold 罵 ma'.
Scoop (v.) 挖 wah,
Scorch 焦 ,tsiao, 炕煸 k'ang' ,hu.
Scorpion 蠍子 hieh, 'tsz.
Scoundrel 光棍 ,kwang kwun'.
Scrape 刮 kwah,
Scratch 抓 ,chao or ,chwa.
Screen (s.) 屏風 ,p'ing ,fung.
Screen (v.) 遮蔽 ,ché pi'.
Screw 螺絲釘 ,lo ,sz ,ting, (corkscrew) 鑽子 tswan' 'tsz.
Screw steamer 暗輪船 ngan' ,lun ,chw'en.
Scroll 卷 küen', 單帖 ,tan t'ieh, (a pair of scrolls) 一副對 yih, fu' tui'.
Sea 海 'hai.
Seasick 暈船 yun' ,chw'en.
Seaweed 海菜 'hai ts'ai'.
Seal 印 yin', (up) 封 ,fung.

116

Sealing wax 火漆 'hwo ts'ih,
Seam 縫口 ˏfung 'k'eu.
Search 查 ˏch'a, 搜尋 'sheu ˏsin.
Season 時 ˏshi, (4 seasons) 四季 sz˙ ki'.
Seat 座位 tso' wéi'.
Secret 密 mih, 隱 'yin.
Secretly 暗暗的 ngau' ngan' tih,
Sect 教門 kiao' ˏmăn.
Section 段 twan'.
Secure 妥當 't'o tang'.
Security 擔保 ˏtan 'pao.
Sedan chair 轎子 kiao' 'tsz.
Sedan poles 轎杠 kiao' ˏkang.
Sediment 渣滓 ˏcha 'tsz.
Seduce 引誘 'yiu 'yiu.
See 看見 k'au' kien'.
Seed 種子 'chung 'tsz.
Seek 尋找 ˏsiu 'chao.
Seize 捉 choh,
Select 揀 'kien.
Self 自己 tsz' 'ki.
Selfish 私心 ˏsz ˏsin, 爲己 wéi' 'ki.
Self-sufficient 自足 tsz' tsuh,

Sell 賣 maiʼ.
Send 寄 kiʼ, (a person) 打發 ʼta fah,
Sense 見識 kienʼ shih, (meaning) 意思 iʼ ˏsz.
Senses (five) 五官 ʻwu ˏkwan.
Sensual 私慾 ˏsz yuh,
Sentence 一句話 yih, küʼ hwaʼ.
Separate 分開 ˏfăn ˏkʻai, 別 pieh,
Serpent 蛇 ˏshé.
Servant 用人 yungʼ ˏjăn, 奴僕 ˏnu puh,
Serve 服事 fuh, shiʼ.
Set 立 lih, (down) 放下 fangʼ hiaʼ, (sunset) 日落 jeh, loh,
Settle 定 tingʼ, (as sediment) 澄清 tʻăngʼ ˏtsʻing, 澄清 ˏchʻing ˏtsing.
Seven 七 tsʻih,
Several 幾個 ʻki koʼ.
Severe 嚴 ˏyen.
Sew 縫 ˏfung.
Sewer 溝 ˏkeu.
Shad 三黎魚 ˏsan ˏli ˏyü.
Shade (v.) 遮 ˏché, 隱 ʻyin.
Shadow 影子 ʻying ʻtsz.
Shake 搖 ˏyao, 動 tungʼ.

Shallow 淺 'ts'ien.
Sham 假裝 'kia ˌchwang.
Shame 羞恥 ˌsiu 'ch'i.
Shape 形像 ˌhing siang', 樣子 yang' 'tsz.
Share 分 ˌfăn.
Shark 沙魚 ˌsha ˌyü.
Sharp 快 kw'ai'.
Sharpen 磨快 ˌmo kw'ai'.
Shatter 打碎 'ta sui'.
Shave 剃 t'i'.
Shavings 刨花 pao' ˌhwa.
She 他 ˌt'a.
Sheaf 稇 'kw'un.
Sheath 鞘 ˌsiao.
Shed 棚子 ˌp'ăng 'tsz.
Sheep 羊子 ˌyang 'tsz.
Sheet 被單 péi' ˌtan, (of paper) 一張紙 yih, ˌchang 'chi.
Shelf 架 kia', 格 koh,
Shell 殼 k'ioh,
Shepherd 看羊的 k'an' ˌyang tih,
Shield 盾牌 'tun ˌp'ai.
Shine 光照 ˌkwang chao', 發光 fah, ˌkwang.

| Ship | Shroud |

Ship 船 ₍chw'en.
Shipwreck 破船 p'o' ₍chw'en.
Shirt 汗衫 han' ₍shan.
Shiver 寒振 ₍han chăn'.
Shoals 沙灘 ₍sha ₍t'an.
Shoe 鞋子 ₍hiai 'tsz.
Shoemaker 皮匠 ₍p'i tsiang'.
Shoot (an arrow) 射箭 shé' tsien', (with a gun) 打鳥鎗 'ta 'niao ₍ts'iang.
Shoots (bamboo) 竹笋 chuh, 'siün, 笋子 'siün ₍tsz.
Shop 舖子 p'u' 'tsz.
Shore 岸 ngan'.
Short 短 'twan.
Shot 彈子 tan' 'tsz.
Shoulder 肩頭 ₍kien ₍t'eu, (of mutton) 羊肘 ₍yang 'cheu.
Shout 大聲叫 ta' ₍shing kiao'.
Show 把人看 'pa ₍jăn k'an'.
Shrimp 蝦子 ₍hia 'tsz.
Shrine 神龕 ₍shăn ₍k'an.
Shrink 縮短 shuh, 'twan.
Shroud 收殮 ₍sheu 'lien.

Shun 避了 pi' 'liao.
Shut 關 ₍kwan.
Shutters 窗板 ₍chw'ang 'pan, (venetians) 百頁門 poh₍ hieh, ₍măn.
Shy 不過意 puh₍ kwo' i'.
Sick 有病 'yiu ping', (vomit) 吐 't'u.
Sickle 鐮 ₍lien.
Side 旁邊 ₍p'ang ₍pien.
Sieve 篩子 ₍shai 'tsz.
Sift 篩 ₍shai.
Sigh 嘆氣 t'an' k'i'.
Sign (one's name) 寫名子 'sié ₍ming 'tsz.
Sign board 招牌 ₍chao ₍p'ai.
Silence 平靜 ₍p'ing tsing'.
Silent 不做聲 puh₍ tso' ₍shing.
Silk 絲 ₍sz, 綢 ₍ch'eu, (thread) 絲線 ₍sz sien'.
Silkworm 蠶 ₍ts'an.
Silly 呆 ₍ngai.
Silver 銀 ₍yin.
Sin 罪 tsui'.
Since 既然 ki' ₍jan, (then) 那時以後 na' ₍shi 'i heu'.
Sincere 誠心 ₍ch'ing ₍sin.

Sinew 筋 ₍kin.
Sing 唱 ch'ang'.
Singe 燒 ₍shao.
Single 單 ₍tan.
Sink 沈下 ₍ch'ǔn hia'.
Sinner 罪人 tsui' ₍jǎn.
Sir 先生 ₍sien ₍shǎng.
Sister 姊妹 'tsz méi', (elder) 姐姐 'tsié 'tsié, (younger) 妹妹 méi' méi'.
Sister-in-law 嬸姆 'shǎn 'mu, (brothers' wives) 妯娌 chuh₍ 'li, (elder brother's wife) 嫂子 'sao 'tsz, (husband's sisters) 姑子 ₍ku 'tsz.
Sit 坐 tso'.
Six 六 luh₍
Size 大小 ta' 'siao.
Sketch (a rough) 草稿 'ts'ao 'kao.
Sketch (v.) 畫 hwah₍
Skill 才能 ₍ts'ai ₍nǎng.
Skin 皮 ₍p'i.
Skip 跳 t'iao'.
Skirt 裙子 ₍k'iün 'tsz.
Sky 天 ₍t'ien.
Skylight 天窗 ₍t'ien ₍chw'ang.

Slab 石版 shih, ʻpan, 石碑 shih, ₍péi.
Slack 鬆的 ₍sung tih,
Slander 毀謗 ʻhwui pang'.
Slanting 歪了 ₍wai ʻliao.
Slap 打 ʻta.
Slate 石版 shih, ʻpan.
Slave 奴僕 ₍nu puh, (female) 奴婢 ₍nu pi', (girl) 丫頭 ₍ya ₍tʻeu.
Sleep 睡覺 shui' kiao'.
Sleepy 瞌睡 kʻoh, shui'.
Sleet 雪夾雨 süeh, kiah, ʻyü.
Slender 細 si'.
Slice (s.) 片 pʻien', 塊 kwʻai'.
Slight (v.) 藐視 ʻmiao shi'.
Sling (s.) (for stones) 流星 ₍liu ₍sing, (arm in a sling) 手掛倒 ʻsheu kwa' ʻtao.
Sling (v.) 甩 ₍shwai.
Slip (down) 跌倒 tieh, ʻtao.
Slippery 滑 hwah,
Slope (..) 斜 ₍sié.
Slothful 懶惰 ʻlan to'.
Slow 慢 man', 遲 ₍chʻi.
Slowly 慢慢 man' man'.

Small 小 ʻsiao.
Small-pox 出痘 chʻuh, teu', 出花 chʻuh, ₍hwa.
Smart 伶俐 ₍ling li', 巧 ʻkʻiao.
Smear 搽 ₍chʻa.
Smell (s.) (pleasant) 香 ₍hiang, (bad) 臭 chʻeu'.
Smell (v.) 聞 ₍wăn.
Smile 嘻笑 ₍hi siao'.
Smith (black-) 鐵匠 tʻieh, tsiang'.
Smoke (s.) 烟 ₍yen.
Smoke (v.) 吃烟 kʻih, ₍yen.
Smooth 平 ₍pʻing.
Smuggle 走漏 ʻtseu leu'.
Smuggled (goods) 私貨 ₍sz hwo'.
Snail 蝸牛 ₍kwa ₍niu.
Snake 蛇 ₍shé.
Snare 圈套 ₍kʻüen tʻao'.
Snatch 奪取 toh, ʻtsʻü.
Sneer 冷笑 ʻlăng siao'.
Sneeze 打噴嚏 ʻta pʻăn' tiʼ.
Snipe 麥啄 meh, choh,
Snore 打鼾 ʻta ₍han.
Snow 雪 süeh, (to) 下雪 hia' süeh,
So 這樣 chéʼ yang'.

124

Soak 浸 tsin'.
Soap 肥皂 ˏféi tsao'.
Sober 醒 'sing.
Society 會 hwui'.
Soda 鹼 'kien.
Soda-water 荷蘭水 ˏHo ˏlan 'shui.
Sofa 床 ˏchw'ang, 炕 k'ang'.
Soft 柔軟 ˏjen 'jwan.
Soil 坭 ˏni, 土 't'u.
Soiled 染污了 ˈjan ˏwu 'liao.
Solder (v.) 滴釬 tih, han'.
Soldier 兵丁 ˏping ˏting.
Sole (of foot) 脚板 kioh, 'pan, (of shoe) 鞋底 ˏhiai 'ti.
Solemn 嚴肅 ˏyen suh,
Solid 實 shih,
Solitary 孤獨 ˏku tuh,
Solstice (summer) 夏至 hia' chi', (winter) 冬至 ˏtung chi'.
Solve 解 'kiai.
Some 幾個 ˏki ko', (to have) 有些 'yiu ˏsié.
Sometimes 有時 'yiu ˏshi.
Son 兒子 ˏ'rh 'tsz, (in-law) 女婿 'nü si'.

Song 歌 ‚ko, 曲 k'üh,
Soon 不多時 puh, ‚to ‚shi, 就 tsiu',
Soot 火煤 'hwo ‚méi.
Soothe 安慰 ‚ngan wéi'.
Sorcery 巫術 ‚wu shuh,
Sore 疼 ‚t'ǔng.
Sorrow 憂悶 ‚yiu mǎn'.
Sort 樣 yang', 般 ‚pan.
Soul 靈魂 ‚ling ‚hwun.
Sound 聲音 ‚shing ‚yin, (v.) 響 'hiang.
Soundings (to take) 探深淺 ‚t'an ‚shǎn 'ts'ien.
Soup 湯 ‚t'ang.
Sour 酸 ‚swan.
Source 源 ‚yuen.
South 南 ‚nan.
Sow (v.) 撒 sah,
Space 地方 ti' ‚fang.
Spade 鍫 ‚ts'iao.
Spain 呂宋國 'Lü-sung' kwoh,
Spark 火星 'hwo siug.
Sparkle 放霞 fang' ‚hia.
Sparrow 麻雀 ‚ma tsioh,
Spasm 抽筋 ‚ch'eu ‚kin.

Speak 講 ʽkiang, 說 shwoh,
Spear 鎗 ˏtsʽiang.
Specially 特意 tʽeh, i'.
Species 類 léi'.
Specimen 樣子 yang' ʽtsz.
Speckled 花點 ˏhwa ʽtien.
Spectacles 眼鏡 ʽyen ʽking.
Speech 話 hwa'.
Spell (v.) 切音 tsʽieh, ˏyin.
Spend 費 féi', (money) 用錢 yung' ˏtsʽien.
Spices 香料 ˏhiang liao'.
Spider 蜘蛛 ˏchi ˏchu.
Spider's web 蜘蛛網 ˏchi ˏchu ʽwang.
Spill 流出來 ˏliu chʽuh, ˏlai, 蕩 tang'.
Spin 紡線 ʽfang sien'.
Spinage 波菜 ˏpo tsʽai'.
Spine 背脊 péi' tsih,
Spinning wheel 紡線車 ʽfang sien' ˏchʽé.
Spirit 神 ˏshǔn.
Spiritual 靈 ˏling.
Spit 吐 ʽtʽu, 吐涎 ʽtʽu ˏtsʽien.
Spittle 涎 ˏtsʽien.
Spittoon 痰罐子 ˏtʽan kwan' ʽtsz.

Splinter 刺 ts'z'.
Splints 夾板 kiah, 'pan.
Split 破 p'o'.
Spoil 壞 hwai'.
Sponge 海絨 'hai ˛jung.
Sponge cake 鷄蛋糕 ˛ki tan' ˛kao.
Spontaneous 自然 tsz' ˛jan.
Spoon 調羹 ˛t'iao ˛kŭng, (tea-) 茶羹 ˛ch'a ˛kŭng.
Spot 點 'tien.
Spout 嘴 'tsui.
Sprain 扭傷 'niu ˛shang.
Spread out 擺開 'pai ˛k'ai.
Spring (of the year) 春天 ˛ch'un ˛t'ien, (of water) 泉 ˛ts'üen, (main-) 發條 fah, ˛t'iao.
Sprinkle 灑 'sha.
Sprout (v.) 發芽 fah, ˛ya.
Spurious 假的 'kia tih,
Spy (s.) 探子 t'an' 'tsz.
Spy (v.) 窺探 ˛kw'éi t'an'.
Squander 浪費 lang' féi'.
Square 方 ˛fang, 四方的 sz' ˛fang tih,
Squeeze 壓 yah, 夾住 kiah, chu'.
Squint 斜眼睛 ˛sié 'yen ˛tsing.

Squirrel 松鼠 ˌsung 'shu, 灰鼠 ˌhwui 'shu.
Stab 刺 ts'z'.
Stable 馬房 'ma ˌfang.
Staff 枴杖 'kwai chang'.
Stag 鹿 luh,
Stage 臺 ˌt'ai, (of a journey) 驛站 yih, chan'.
Stain (v.) 染透了 'jan t'eu' 'liao.
Stairs 樓梯 ˌleu ˌt'i.
Stale 舊的 kiu' tih,
Stalk 枝 ˌchi, 花枝子 ˌhwa ˌchi 'tsz.
Stall (for selling things) 攤子 ˌt'an 'tsz.
Stamp 打印 'ta yin', (postage) 信字 sin' tsz', 人頭 ˌjăn ˌt'eu.
Stand 站立 chan' lih,
Star 星 ˌsing.
Starch 漿 ˌtsiang.
Stare 定眼看 ting' 'yen k'an'.
Startle 驚 ˌking, 嚇 hoh,
Starved 餓死 ngo' 'sz.
State (kingdom) 國家 kwoh, ˌkia, (condition) 光景 ˌkwang 'king.
Statue 像 siang', 眞容 ˌchăn ˌyung.
Stay 等 'tăng.

Steady 穩 'wăn.
Steak (beef) 牛肉耙 ˌniu juh, ˌp'a.
Steal 偷 ˌt'eu.
Steam (s.) 水氣 'shui k'i'.
Steam (v.) 蒸 ˌching.
Steam engine 火輪車 'hwo ˌlun ˌch'é.
Steamer 火輪船 'hwo ˌlun ˌchw'en.
Steel 鋼 ˌkang.
Steep 高山峻嶺 ˌkao ˌshan siün' ˌling.
Steeple 鐘樓 ˌchung ˌleu.
Steer 掌舵 'chang to'.
Step (s.) 步 pu', (stair) 橙 tăng', (stone) 堦級 ˌkiai kih,
Step-father 繼父 ki' fu'.
Step-mother 繼母 ki' 'mu.
Stern (adj.) 嚴 ˌyen.
Stern (s.) 船尾 ˌchw'en 'wéi.
Stew 會 hwui'.
Stick (s.) 棍子 kwun' 'tsz.
Stick (v.) 貼 t'ieh, 粘 ˌnien, (in) 插 ch'ah,
Stiff 硬 ying'.
Stifle 閉死 pi' 'sz.
Still 還 ˌhwan, 仍然 ˌjăng ˌjan.

Still (quiet) 靜伴 tsing' pan'.
Sting (s.) 刺 ts'z', 針 ͵chăn.
Sting (v.) 錐 ͵chui.
Stingy 刻薄 k'oh, poh, 慳客 ͵kien lin'.
Stipulate 約定 yoh, ting'.
Stir (v.) 動 tung', (up) 挑唆 ͵t'iao ͵so, 攪 'kiao.
Stockings 襪子 wah, 'tsz.
Stomach 肚子 'tu 'tsz.
Stone 石頭 shih, ͵t'eu, (fruit stones) 菓核 'kwo huh,
Stool 凳子 tăng' 'tsz, (go to) 出恭 ch'uh, ͵kung.
Stoop 彎腰 ͵wan ͵yao.
Stop 停止 ͵t'ing 'chi, 歇 hieh, (up) 塞住 seh, chu'.
Store (v.) 藏 ͵ts'ang.
Stork 白鶴 poh, hoh,
Storm 風暴 ͵fung pao', 風雨 ͵fung 'yü.
Story (a) 一段古事 yih, twan' 'ku shi', (of a house) 層 ͵ts'ăng.
Stove 火爐 'hwo ͵lu.
Stove bed 炕 k'ang'.
Straight 直 chih,

131

Strain (out) 隔渣 koh, ,cha.
Strange 奇怪 ,k'i kwai'.
Strangers 外人 wai' ,jăn, 面生 mien' ,shăng.
Strangle 縊死 i' 'sz.
Strap 皮帶 ,p'i tai'.
Straw 稿 'kao, 草 'ts'ao, 麥草 meh, 'ts'ao.
Strawberry 蛇莓子 ,shé ,méi 'tsz.
Stream 山溪 ,shan ,k'i, 小河 'siao ,ho.
Street 街 ,kiai.
Strength 力量 lih, 'liang.
Strengthen 補 'pu.
Stretch (out) 伸出 ,shăn ch'uh, (a bow) 張弓 ,chang ,kung.
Strict 嚴緊 ,yen 'kin.
Strike 打 'ta.
String (s.) 繩子 ,shing 'tsz, (a string of cash) 一吊錢 yih, tiao' ,ts'ien.
String (v.) 串 chw'eu'.
Strip (a) 一條 yih, ,t'iao.
Strip (v.) 脫 t'oh, 剝 poh,
Stripe 紋 ,wăn, 斑紋 ,pan ,wăn.
Strive 相爭 ,siang ,chăng, (endeavour) 出力 ch'uh, lih,

132

Stroke (a) 一畫 yih, hwah,
Stroke (v.) 摩 ˌmo.
Strong 壯健 chwang' kien', (firm) 堅固 ˌkien ku', (tea) 濃茶 ˌnung ˌch'a.
Stubborn 固執 ku' chih, 頑皮 ˌwan ˌp'i.
Study (v.) 學 hioh, 讀書 tuh, ˌshu.
Study (s.) 書房 ˌshu ˌfang.
Stuffing 材料 ˌts'ai liao'.
Stumble 失脚 shih, kioh,
Stupid 愚蠢 ˌyü 'ch'un, 笨 păn', 呆 ˌngai.
Style 文法 ˌwăn fah,
Subdue 克服 k'oh, fuh,
Subject 提目 ˌt'i muh,
Submit 降了 ˌhiang 'liao, 投降 ˌt'eu ˌhiang.
Subscribe (money) 捐錢 ˌküen ˌts'ien.
Subside 退 t'ui'.
Substitute (s.) (as servant) 替工 t'i' ˌkung.
Subtract 減 'kien.
Succeed 做得成 tso' teh, ˌch'ing, (follow) 接 tsieh,
Such 如此 ˌjü 'ts'z.
Suck 嘴裏含倒 'tsui 'li ˌhan 'tao.
Suckle 餧奶 wéi' 'nai.

Suddenly 忽然間 hwub, ₍jan ₍kien.
Suet 生油 ₍shăng ₍yiu, 牛油 ₍niu ₍yiu.
Suffering 受苦 sheu' 'k'u.
Sufficient 彀了 keu' 'liao.
Suffocate 悶死 mŭn' 'sz, 閉死 pi' 'sz.
Sugar 糖 ₍t'ang, 白糖 poh, ₍t'ang.
Sugar-candy 冰糖 ₍ping ₍t'ang.
Sugar-cane 蔗 ché', 甘蔗 ₍kan ché'.
Suicide 自盡 tsz' tsiu'.
Suit (a) 一套 yih, t'ao'.
Suit (v.) 合意 hob, i'.
Sulphur 硫磺 ₍liu ₍hwang.
Sum (s.) 攏總 'lung 'tsung.
Sum (v.) 打算 'ta swan'.
Summer 夏天 hia' ₍t'ien.
Summit 頂 'ting.
Sun (s.) 太陽 t'ai' ₍yang, 日頭 jeh, ₍t'eu.
Sun (v.) 晒 shai'.
Sunday 禮拜日 'li pai' jeh,
Sundries 雜貨 tsah, hwo'.
Sunflower 照日葵 chao' jeh, ₍kw'éi, 向日葵 hiang' jeh, ₍kw'éi.
Sunrise 日出 jeh, ch'uh,

134

Sunset 日落 jeh, loh,
Sunshine 日光 jeh, ,kwang.
Sunstroke 中暑 chung' 'shu.
Superintend 掌事 'chang shi', 管理 'kwan 'li.
Superintendent 監督 ,kien tuh,
Superior 在上 tsai' shang', 好些 'hao ,sié.
Superstitious 溺信古怪 nih, sin' 'ku kwai'.
Supper 晚餐 'wan ,ts'an.
Supply 供給 ,kung kih, (my place) 替我 t'i' 'ngo.
Support 扶持 ,fu ,ch'i, (nourish) 養 'yang.
Suppose 估 'ku, 猜 ,ts'ai.
Supposing 譬如 p'i' ,jü.
Sure 確實 k'ioh, shih,
Surely 一定 yih, 'ting'.
Surety 中保 ,chung 'pao.
Surface 面 mien'.
Surgery 外科 wai' ,k'o.
Surname 姓 sing'.
Surpass 出衆 ch'uh, chung'.
Surprise 驚訝 ,king ya'.
Surprising 希奇 ,hi ,k'i.
Surround 圍住 ,wéi chu'.

Survey (land) 勘地 k'an' ti', 量地 ₍liang ti'.
Suspect 疑惑 ₍i hwoh,
Suspend 掛 kwa', 吊 tiao'.
Suspense 掛意 kwa' i'.
Sustain 擔當 ₍tan ₍tang.
Swallow (s.) 燕子 'yen 'tsz.
Swallow (v.) 吞下 ₍t'un 'hia.
Swan 天鵝 ₍t'ien ₍ngo.
Swarm (a) 一羣 yih, ₍k'iün.
Swear 發誓 fah, shi'.
Sweat (s.) 汗 han'.
Sweat (v.) 出汗 ch'uh, han'.
Sweep 掃 sao'.
Sweet 甜 ₍t'ien.
Swell (to) 脹 'chung.
Swim 泅水 ₍siu 'shui, 划水 ₍hwa 'shui, 浮 ₍feu.
Swing (s.) 鞦韆 ₍ts'ui ₍ts'ien.
Swing (v.) 搖 ₍yao.
Swoon 魂不附體 ₍hwun puh, fu' 't'i.
Sword 刀 ₍tao, 劍 kien'.
Sympathy 同情 ₍t'ung ₍ts'ing.
Synonymous 同意 ₍t'ung i'.
Syrup 糖水 ₍t'ang 'shui.

T

Table 桌子 choh, ‘tsz, (to sit at) 坐席 tso’ sih,
Table-cloth 檯布 ₫t‘ai pu’.
Tablet 牌 ₫p‘ai, (ancestral) 神主牌 ₫shăn ‘chu ₫p‘ai.
Tael 兩 ‘liang.
Tail 尾把 ‘wéi ‘pa.
Tailor 裁縫 ₫ts‘ai ₫fung.
Take 拿 ₫na.
Talc 雲母石 ₫yun ‘mu shih,
Tale 小說 ‘siao shwoh,
Talent 才 ₫ts‘ai, 本事 ‘păn shi’.
Talk 講 ‘kiang, 談 ₫t‘an.
Talkative 多嘴 ₫to ‘tsui.
Tall 高 ₫kao, 長 ₫ch‘ang.
Tallow 羊油 ₫yang ₫yiu, (vegetable) 梓油 ‘tsz ₫yiu.
Tallow-tree 梓樹 ‘tsz shu’, 木槿 muh, ‘kin.
Tame 養熟的 ‘yang shuh, tih,
Tan (v.) 熏皮 ₫hiun ₫p‘i.
Tanner 皮匠 ₫p‘i tsiang’.
Tape 棉帶子 ₫mien tai’ ‘tsz.

Tapering 尖 ₍tsien.
Tapioca 西米 ₍si 'mi.
Tar 吧碼油 'pa 'ma ₍yiu.
Tares 稗子 pai' 'tsz.
Target 垛子 'to 'tsz.
Tarnish 失光 shih, ₍kwang.
Taro 芋頭 yü' ₍t'eu.
Tassel 繸 sui', 鬚子 ₍sü 'tsz.
Taste (s.) 味 wéi'.
Taste (v.) 嘗 ₍ch'ang.
Tasteless 淡 tan'.
Tavern 酒店 'tsiu tien'.
Tax (s.) 稅 shui'.
Tax (v.) 收稅 ₍sheu shui'.
Tea 茶 ₍ch'a, (leaf) 茶葉 ₍ch'a yeh, (make tea) 煲茶 ₍pao ₍ch'a.
Tea cup 茶杯 ₍ch'a ₍péi.
Tea pot 茶壺 ₍ch'a ₍hu.
Teapoy 茶几 ₍ch'a 'ki.
Tea taster 茶師 ₍ch'a ₍shi.
Teach 教 kiao'.
Teacher 先生 ₍sien ₍shăng.
Teal 水鴨 'shui yah,

Tear (v.) 撕開 ₍sz ₍k'ai, 破 p'o'.
Tears (s.) 淚 léi'.
Tease 難爲 ₍nan ₍wéi.
Teat 奶頭 'nai ₍t'eu.
Telegraph 電報 tien' pao', (wires) 電線 tien' sien'.
Telescope 千里鏡 ₍ts'ien 'li king'.
Tell 告訴 kao' su'.
Temper 脾氣 ₍p'i k'i'.
Temperate 節用 tsieh, yung', (weather) 不冷不熱 puh, 'lāng puh, jeh,
Temple 殿 tien', 廟 miao'.
Temporary 暫時 tsan' ₍shi.
Tempt 誘惑 'yiu hwoh,
Ten 十 shih,
Tender 柔弱 ₍jeu joh,
Tendon 筋 ₍kin.
Tenon 榫頭 'sun ₍t'eu.
Tent 帳房 chang' ₍fang.
Tenth (a) 十分之一 shih, fān' ₍chi yih,
Tepid 温 ₍wūn.
Terrace 臺 ₍t'ai.
Terrible 可怕的 'k'o p'a' tih,

Testament 遺書 ｉ ˏshu, (Old) 舊約 kiu' ˏyoh, (New) 新約 ˏsin yoh,
Text 題目 ˏt'i muh,
Than 過於 kwo' ˏyü.
Thank 謝謝 sié' sié', 多謝 ˏto sié'.
Thankful 感恩 'kan ˏngăn.
That 那個 na' ko', 彼 'pi.
Thatch 茅草 ˏmao 'ts'ao, 草做的屋脊 'ts'ao tso' tih, wuh, tsih,
Theatre 戲臺 hi' ˏt'ai.
Them 他們 ˏt'a ˏmăn.
Theme 題目 ˏt'i muh,
Then 那時 na' ˏshi, 就 tsin'.
Thenceforth 自後 tsz' heu'.
There 那裏 na' 'li.
Therefore 所以 'sho 'i.
Thermometer 寒暑針 ˏhan 'shu ˏchăn.
These 這些 ché' ˏsié.
They 他們 ˏt'a ˏmăn.
Thick 厚 heu', (as liquids) 濃 ˏnung, (close) 密 mih,
Thief 賊 tseh, 三隻手 ˏsan chih, 'sheu.
Thigh 大腿 ta' 't'ui.

140

Thimble 針頂 ₍chăn 'ting, 抵針 'ti ₍chăn.
Thin 薄 poh, (as liquids) 稀 ₍hi, (lean) 瘦 sheu'.
Thing 東西 ₍tung ₍si, (affair) 事情 shi' ₍ts'ing.
Think 想 'siang.
Thirst 渴 k'oh,
Thirsty 口渴 'k'eu k'oh,
This 這個 ché' ko', 此 'ts'z.
Thorn 莿 ts'z', 棘荊 ₍king kih,
Thorough 通 ₍t'ung.
Thoroughfare 通路 ₍t'ung lu'.
Thoroughly 統統 't'ung 't'ung.
Those 那些 na' ₍sié.
Though 雖然 ₍sui ₍jan.
Thought 意思 i' sz', 念頭 nien' ₍t'eu.
Thousand 千 ₍ts'ien.
Thread (s.) 線 sien'.
Thread (v.) 穿 ₍chw'en.
Threaten 嚇 hoh,
Three 三 ₍san.
Thresh 打禾 'ta ₍hwo.
Threshing floor 禾塲 ₍hwo ₍ch'ang.
Throat 喉嚨 ₍heu ₍lung.
Throne 位 wéi', 龍位 ₍lung wéi'.

141

Through 從 ₍ts'ung, 透 t'eu'.
Throw 丟 ₍tiu, (one's self into) 投 ₍t'eu, (dice) 擲 chih,
Thrush 畫眉 hwa' ₍méi.
Thumb 大指 ta' 'chi.
Thunder (s.) 雷 ₍léi.
Thunder (v.) 打雷 'ta ₍léi.
Thursday 禮拜四 'li pai' sz'.
Thus 如此 ₍jü 'ts'z, 這樣 ché' yang'.
Ticket 票 p'iao'.
Tide 潮水 ₍ch'ao 'shui, (with the) 順水 shun, 'shui, (against the) 逆水 nih, 'shui, 到流 tao' ₍liu.
Tide-waiter 海關查稅的 'hai ₍kwan ₍ch'a shui' tih,
Tidy 齊齊整整 ₍ts'i ₍ts'i 'ching 'ching.
Tie (v.) 綁 'pang, (a knot) 打結 'ta kieh,
Tiger 老虎 'lao 'hu.
Tight 緊 'kin.
Tiles 瓦 'wa, (for flagging) 磚 ₍chwen.
Till 及 kih, 到 tao', 待 tai'.
Time 時候 ₍shi heu'.
Times 囘 ₍hwui, 次 ts'z'.

Timid 膽子小 'tan 'tsz 'siao.
Tin 錫 sih,
Tincture 藥水 yoh, 'shui.
Tinge 染 'jan.
Tip 尖 ,tsien.
Tired 困倦 kw'un' küen', 儽倒了 léi' 'tao 'liao.
Title page 書面 ,shu mien'.
To 到 tao', 與 'yü.
Toast (v.) 炕 k'ang', 烘 ,hung.
Toast (s.) 烘麵包 ,hung mien' ,pao.
Tobacco 烟 ,yen.
To-day 今日 ,kin jeh, 今天 ,kin ,t'ien.
Toe 脚趾 kioh, 'chi, (of a shoe) 鞋頭 ,hiai ,t'eu.
Together 同 ,t'ung.
Toil 勞苦 ,lao 'k'u.
Toilet 粧扮 ,chwang pan'.
Toilet table 梳粧檯 ,shu ,chwang ,t'ai.
Token 記號 ki' hao', 表記 'piao ki'.
Tomato 洋茄子 ,yang ,k'ié 'tsz.
Tomb 墳墓 ,fun mu'.
To-morrow 明天 ,ming ,t'ien.
Tone 聲 ,shing.
Tongs 火鉗 'hwo ,k'ien.

Tongue 舌頭 sheh, ‚t'eu.
Tonic 補藥 'pu yoh,
Too 太 t'ai'.
Tool 器具 k'i' kü'.
Tooth 牙 ‚ya, 牙齒 ‚ya 'ch'i.
Toothache 牙痛 ‚ya t'ung', 牙齒疼 ‚ya 'ch'i ‚t'ăng.
Tooth brush 牙刷 ‚ya shwah,
Tooth pick 牙籤 ‚ya ‚ts'ien.
Tooth powder 牙粉 ‚ya 'făn.
Top 頂 'ting.
Torch 火把 'hwo 'pa.
Torment 苦難 'k'u ‚nan.
Torn 破了 p'o' 'liao.
Torpid 不仁 puh, ‚jăn.
Tortoise 龜 ‚kwéi.
Tortoise-shell 玳瑁 tai' méi' (or mao').
Torture (to examine by) 拷打 'k'ao 'ta.
Total 一總 yih, 'tsung.
Touch 摩 ‚mo, 摸 moh,
Tough 韌 jăn'.
Tow (v.) 拕 ‚t'o.
Towards 向 hiang'

144

Towel 手巾 'sheu ₍kin, 面巾 mien' ₍kin.
Tower 塔 t'ah, 樓 ₍leu.
Town 城 ₍ch'ing.
Toys 玩物 wan' wuh, 耍物 sha' wuh,
Trace (v.) 追踪 跡 ₍chui ₍tsung tsih, (on paper) 描 ₍miao.
Trade 生意 ₍shăng i'.
Tradition 口傳 'k'eu ₍chw'en.
Train (s.) 火輪車 'hwo ₍lun ₍ch'é.
Train (v.) 養教 'yang kiao'.
Tranquillity 安寧 ₍ngan ₍ning, 太平 t'ai' ₍p'ing.
Transcribe 抄寫 ₍ch'ao 'sié.
Transformation 變化 pien' hwa'.
Transgress 犯 fan'.
Transitory 暫時 tsan' ₍shi.
Translate 繙譯 ₍fan yih,
Transmigration 輪回 ₍lun ₍hwui.
Transparent 透光的 t'eu' ₍kwang tih,
Transplant 移了 ₍i 'liao, (rice) 插秧 ch'ah, ₍yang.
Transpose 掉轉來 't'iao 'chwen ₍lai.
Transverse 橫 ₍hung.
Trap 籠 ₍lung.

Travel 出外 ch'uh, wai', 遊頑 ₍yiu ₍wan.
Tray 茶盤子 ₍ch'a ₍p'an 'tsz.
Treacherous 失信 shih, sin'.
Treacle 糖水 ₍t'ang 'shui.
Tread on 踐踏 tsien' tah,
Treason 謀反 ₍meu 'fan.
Treasure (s.) 財帛 ₍ts'ai poh, (a) 寶貝 'pao péi'.
Treasury 銀庫 ₍yin k'u'.
Treat 待 tai'.
Treaty 和約 ₍hwo yoh, 盟 ₍mǎng.
Tree 樹木 shu' muh,
Tremble 發震 fah, chǎn'.
Trespass 犯 fan', (must not) 免遭 'mien tsin'.
Trial 試 shi'.
Trials 患難 hwan' nan'.
Triangle 三角形 ₍san kioh, ₍hing, 尖角形 ₍tsien kioh, ₍hing.
Tribe 旅 tsuh, 支派 ₍chi p'ai'.
Tribute 貢 kung', (to pay) 進貢 tsin' kung', 納稅 nah, shui'.
Trick (s.) 計 ki', (to play a) 舞 'wu, 弄 lung'.
Trickle 滴下來 tih, hia' ₍lai.
Trifle (s.) 小事 'siao shi'.

Trifle (v.) 弄 lung'.
Trimming (braid) 欄 杆 ₋lan ₋kan.
Trinity 三 位 一 體 ₋san wéi' yih₋ 't'i.
Trip (v.) 失 脚 shih₋ kioh₋
Tripe 牛 肚 ₋niu 'tu.
Tropic (of Cancer) 北 帶 poh₋ tai', (of Capricorn) 南 帶 ₋nan tai'.
Trouble (s.) 艱 難 ₋kien ₋nan.
Trouble (v.) 勞 動 ₋lao tung'.
Troublesome 費 事 féi' shi'.
Trough 槽 ₋ts'ao.
Trousers 褲 子 k'u' 'tsz.
True 眞 ₋chǎn, 實 shih₋
Truly 實 在 shih₋ tsai'.
Trumpet 號 筒 hao' ₋t'ung.
Trunk (leather) 皮 箱 ₋p'i ₋siang.
Trust 靠 k'ao'.
Truth 眞 理 ₋chǎn 'li.
Try 試 shi', (in court) 審 問 'shǎn wǎn'.
Tube 管 子 'kwan 'tsz, 筒 子 ₋t'ung 'tsz.
Tuesday 禮 拜 二 'li pai' 'rh'.
Tumble 跌 倒 tieh₋ 'tao.
Tumour 瘤 子 ₋liu 'tsz, 肉 瘤 juh₋ ₋liu.

Tumult 人多亂鬧 ₍jăn ₍to lwan' nao'.
Tune (s.) 調 tiao'.
Tune (v.) 調音 ₍t'iao ₍yin.
Tunnel 山峒 ₍shan tung'.
Tureen 湯斗 ₍t'ang 'teu.
Turf 草皮 'ts'ao ₍p'i.
Turkey (a) 火鷄 'hwo ₍ki.
Turn 轉 'chwen, (in a lathe) 車 ₍ch'é.
Turns (by) 輪流 ₍lun ₍liu.
Turning lathe 車架子 ₍ch'é kia' 'tsz.
Turnip 蘿葡 ₍lo p'oh₎
Turpentine 松節油 ₍sung tsieh₎ ₍yiu.
Turtle 脚魚 kioh₎ ₍yü.
Tweezers 鑷子 nieh₎ 'tsz.
Twelve 十二 shih₎ 'rh'.
Twenty 二十 'rh' shih₎
Twice 兩回 'liang ₍hwui, 二次 'rh' ts'z'.
Twilight (evening) 黃昏 ₍hwang ₍hwun, (morning) 眛爽 méi' 'shwang.
Twins 雙生 ₍shwang ₍shăng.
Twist 扭 'niu, 絞 'kiao.
Two 二 'rh', 兩 'liang.
Type 活板子 hwoh₎ 'pan 'tsz.

Typhoon 大風 ta' ͵fung, 暴風 pao' ͵fung.
Tyrannical 暴虐 pao' nioh,
Tyrant 霸王 pa' ͵wang.

U

Ugly 不好看 puh, 'hao k'an', 醜 'ch'eu.
Ulcer 瘺 leu'.
Ultimately 到底 tao' 'ti.
Umbrella 傘 'san.
Unable 不能 puh, ͵năng.
Unaccustomed 不慣 puh, kwan'.
Unanimous 一心 yih, ͵sin.
Unavoidable 不得己 puh, teh, 'i, 免不得 'mien puh, teh,
Unbind 解 'kiai, 解開 'kiai ͵k'ai.
Uncertain 不定 puh, ting'.
Uncle 叔伯 shuh, poh, (maternal) 舅父 kiu' fu'.
Uncomfortable 不爽快 puh, 'shwang kw'ai'.
Uncommon 非常 ͵féi ͵shang.
Unconscious 不知不覺 puh, ͵chi puh, kioh,
Unconstrained 天然 ͵t'ien ͵jan.
Uncover 揭開 kieh, ͵k'ai.

Undecided 不決意 puh, küeh, i'.
Under 在下 tsai' hia'.
Underhand 唔唔的 ngan' ngan' tih,
Understand 曉得 'hiao teh, 懂得 'tung teh,
Undertaker's shop 壽木作坊 sheu' muh, tsoh, ˌfang.
Undesigned 不故意 puh, ku' i'.
Undo 解開 'kiai ˌk'ai.
Undress 脫衣裳 t'oh, ˌi fuh,
Uneasy 放心不下 fang' ˌsin puh, hia'.
Unequal 不同 puh, ˌt'ung.
Uneven 不平 puh, ˌp'ing.
Unexpected 意外 i' wai'.
Unexpectedly 誰知 ˌshui ˌchi.
Unforeseen 不料 puh, liao'.
Unfortunate 不幸 puh, hing', 沒造化 muh, tsao' hwa'.
Ungenerous 小器 'siao k'i'.
Ungrateful 忘恩 ˌwang ˌngǔn.
Uniform 一樣的 yih, yang' tih, (dress) 號衣 hao' ˌi.
Unimportant 不要緊 puh, yao' 'kin.
Uninterrupted 不斷 puh, twan'.

Union 相合 ₍siang hoh,
Unite 合攏 hoh, ʻlung.
United States 花旗國 ₍Hwa-₍kʻi-kwoh,
Universal 普 ʻpʻu.
Universe 天地萬物 ₍tʻien tiʼ wanʼ wuh,
Unjust 不公道 puh, ₍kung taoʼ.
Unkind 無人情 ₍wu ₍jǎn ₍tsʻing.
Unless 若不是 yoh, puh, shiʼ.
Unlike 不像 puh, siangʼ.
Unload 卸貨 siéʼ hwoʼ.
Unlucky 凶 ₍hiung, 不幸 puh, hingʼ.
Unnatural 背性的 péiʼ singʼ tih,
Unnecessary 不用 puh, yungʼ, 不必 puh, pih,
Unprincipled 無道無理 ₍wu taoʼ ₍wu ʻli.
Unprofitable 無益 ₍wu yih,
Unripe 不熟 puh, shuh, 生的 ₍shǎng tih,
Unsay 反口 ʻfan ʻkʻeu.
Unseasonable 不合時 puh, hoh, ₍shi.
Unselfish 不爲己 puh, wéiʼ ʻki.
Unspeakable 說不出來的 shwoh, puh, chʻuh, ₍lai tih,
Unsteady 無定向 ₍wu tingʼ hiangʼ.
Unthankful 忘恩 ₍wang ₍ngǎn, 辜負 ₍ku fuʼ.

Untidy 一包糟 yih, ₍pao ₍tsao, 弄亂 lung' lwan'.
Until 等到 'tăng tao'.
Unusual 非常 ₍féi ₍shang.
Unwearied 無倦 ₍wu küen'.
Unwell 不爽快 puh, 'shwang kw'ai', 不舒服 puh, ₍shu fuh,
Unwilling 不肯 puh, 'k'ăng.
Unworthy 不堪 puh, ₍k'an, 不敢當 puh, 'kàn ₍tang.
Up 上 shang', (to go) 上 'shang.
Uphold 扶持 ₍fu ₍ch'i.
Upon 在上 tsai' shang'.
Upright 直 chih, 正 ching'.
Upset 打倒 'ta 'tao, (a boat) 覆船 fuh, ₍chw'en.
Upside down 顛倒 ₍tien 'tao.
Upstairs 樓上 ₍leu shang'.
Upwards 向上 hiang' shang', 以上 'i shang'.
Urge 催 ₍ts'ui.
Urgent 急 kih, 要緊 yao' 'kin.
Urinal 便壺 pien' ₍hu.
Urinate 小便 'siao pien'.
Urine 尿 niao'.

Us 我們 ‘ngo ͵măn.
Use 用 yung’.
Useful 有用處 ‘yiu yung’ ch‘u’.
Useless 不中用 puh, ͵chung yung’, 無用 ͵wu yung’.
Usual 平常 ͵p‘ing ͵shang.
Usurp 佔 chen’.
Usury 利息過重 li’ sih, kwo’ chung’
Utensil 器皿 k‘i’ ‘ming.
Utmost 極 kih, 盡 tsiu’.
Utterly 總 ‘tsung, 全 ͵ts‘üen.

V

Vacant 空 ͵k‘ung.
Vacation 閒暇 ͵hien hia’, (from school) 放學 fang’ hioh,
Vaccinate 種痘 chung’ teu’.
Vacillate 主意不定 ‘chu i’ puh, ting’.
Vague 迂闊 ͵yü kw‘oh,
Vain 驕傲 ͵kiao ngao’, (as a child) 嬌滴滴 ͵kiao tih, tih, (in) 徒然 ͵t‘u ͵jan, 白白的 poh, poh, tih,
Valiant 剛勇 ͵kang ‘yung.

Valley 山谷 ₍shan kuh,
Valuable 貴重 kwéi' chung'.
Value 價 kia', 價錢 kia' ₍ts'ien.
Vanish 不見了 puh, kien' 'liao.
Vapour 氣 k'i'.
Variegated 雜色 tsah, seh, 五彩 'wu 'ts'ai.
Various 各樣 koh, yang'.
Varnish 油漆 ₍yiu ts'ih,
Vase 花瓶 ₍hwa ₍p'ing.
Vast 廣大 'kwang ta'.
Vegetable 菜 ts'ai'.
Veil (s.) 首帕 'sheu p'a', 蓋頭 kai' ₍t'eu.
Vein 迴血管 ₍hwui hüeh, 'kwan.
Velvet 剪絨 'tsien ₍jung, 絲絨 ₍sz ₍jung.
Venetians 百葉門 poh, yeh, ₍măn.
Vengeance 報仇 pao' ₍ch'eu.
Venison 鹿肉 luh, juh,
Ventilate 通風 ₍t'ung ₍fung.
Venture 敢 'kan.
Verandah 天臺 ₍t'ien ₍t'ai, 洋臺 ₍yang ₍t'ai.
Verb 活字 hwoh, tsz'.
Verdigris 銅綠 ₍t'ung luh,
Verify 証驗 ching' yen'.

Vermicelli 粉絲 ‚fǔn ‚sz.
Vermilion 銀硃 ‚yin ‚chu.
Vermin 蟲 ‚ch'ung, 虱 seh,
Verse (a) 一節 yih, tsieh,
Very 狠 'hǎn, 十分 shih, ‚fǎn.
Vest 背心 péi' ‚sin.
Vex 難為 ‚nan ‚wéi, 吵擾 'ch'ao 'jao.
Viceroy 制臺 chi' ‚t'ai.
Vicious 奸 ‚kien, 惡 ngoh,
Victory 得勝 teh, shing'.
View (s.) 光景 ‚kwang 'king.
Vigorous 壯健 chwang' kien'.
Vigour 力量 lih, liang'.
Vilify 譭謗 'hwui pang'.
Village 鄉村 ‚hiang ‚ts'un.
Villain 光棍 ‚kwang kwun'.
Vine 葡萄樹 ‚p'u ‚t'ao shu'.
Vinegar 醋 ts'u'.
Vineyard 葡萄園 ‚p'u ‚t'ao ‚yuen.
Violence 强 ‚k'iang.
Violets 水翠花 'shui ts'ui' ‚hwa.
Violin 四弦 sz' ‚hien.
Viper 毒蛇 tuh, ‚shé.

155

Virgin 童女 ₍t'ung 'nü.
Virtue 德行 teh, hing'.
Visible 看得見的 k'an' teh, kien' tih,
Vision 異像 i' siang'.
Visit (v.) 拜見 pai' kien'.
Visiting-card 名帖 ₍ming t'ieh, 片子 p'ien' 'tsz.
Visitor 客 k'oh,
Vitriol 膽礬 'tan ₍fan.
Voice 聲 ₍shing, 音 ₍yin.
Volcano 火山 'hwo ₍shan.
Voluble 多嘴 ₍to 'tsui.
Volume (a) 一本 yih, 'pŭn.
Voluntarily 甘心 ₍kan ₍sin.
Vomit 吐 't'u.
Vow 許願 'hü yuen'.
Voyage 水路 'shui lu'.
Vulgar 俗 suh, 粗 ₍ts'u.

W

Wadding 綿花 ₍mien ₍hwa.
Wade 涉水 sheh, 'shui, 在水裏走 tsai' 'shui 'li 'tseu.
Waffles 夾餅 kiah, 'ping.

Wager 賭錢 'tu ₍ts'ien.
Wages 工錢 ₍kung ₍ts'ien, 人工 ₍jăn ₍kung.
Wail 哀哭 ₍ngai k'uh,
Waist 腰 ₍yao.
Waist-coat 背心 péi' ₍sin.
Wait 等 'tăng.
Wake 睡醒 shui' 'sing.
Waken 叫醒 kiao' 'sing.
Walk 走 'tseu, 行 ₍hing.
Wall 牆 ₍ts'iang, 壁 pih,
Walnut 核桃 huh, ₍t'ao.
Wander 遊玩 ₍yiu wan'.
Wane 缺 k'üeh,
Want 要 yao'.
Wanton 邪淫 ₍sié ₍yin.
War 交戰 ₍kiao chen', 打仗 'ta chang'.
War-ship 兵船 ₍ping ₍chw'en.
Wardrobe 櫃子 kwéi' 'tsz.
Warehouse 棧房 chan' ₍fang.
Wares 貨 hwo'.
Warm (adj.) 煖和 'nwan ₍hwo.
Warm (v.) 温 ₍wăn.
Warn 警戒 'king kiai'.

Warrant (s.) 票 p'iao'.
Warrant (v.) 保 'pao.
Wart 瘊子 ˌheu 'tsz, 瘊子 ˌhiu 'tsz.
Wash 洗 'si.
Washerman 洗衣裳的人 'si ˌi ˌshang tih, ˌjǎn.
Washhand-stand 面盆架 mien' ˌp'ǎn kia'.
Wasp 黃蜂 ˌhwang ˌfung.
Waste 浪費 lang' féi'.
Watch (s.) 錶 ˌpiao, 時辰錶 ˌshi ˌshǎn ˌpiao.
Watch (v.) 看 ˌk'an.
Watches (night) 夜更 yé' ˌkǎng.
Watchman 看更的 ˌk'an ˌkǎng tih, 更夫 ˌkǎng ˌfu.
Watch-word 暗號 ngan' hao'.
Water (s.) 水 'shui.
Water (v.) 澆 ˌkiao, 淋 ˌlin.
Water-chestnuts 馬蹄 'ma ˌt'i.
Water-closet 茅廁 ˌmao ts'z'.
Water-cresses 水芹菜 'shui ˌk'in ts'ai'.
Watering pot 淋花壺 ˌlin ˌhwa ˌhu, 烹壺 ˌp'ǎng ˌhu.
Water-lily 蓮花 ˌlien ˌhwa.
Water-melon 西瓜 ˌsi ˌkwa.

Wave (s.) 波浪 ₍po lang'.
Waver 反覆不定 'fan fuh, puh, ting'.
Wax 蠟 lah,
Way 路 lu', (method) 法子 fah, 'tsz, (this) 這樣 ché' yang'.
We 我們 'ngo ₍mǎn.
Weak 軟弱 'jwan joh, (as tea) 淡 tan'.
Wealth 錢財 ₍ts'ien ₍ts'ai.
Wean 斷奶 twan' 'nai.
Weapons 兵器 ₍ping k'i'.
Wear 穿 ₍chw'en, (a hat) 戴 tai'.
Weary 疲倦 ₍p'i küen'.
Weasel 黃鼠狼 ₍hwang 'shu ₍lang.
Weather 天氣 ₍t'ien k'i', 天色 ₍t'ien seh,
Weave 織 chih,
Wedding 婚姻 ₍hwun ₍yin.
Wednesday 禮拜三 'li pai' ₍san.
Weed (v.) 拔草根 pah, 'ts'ao ₍kǎn, 薅草 ₍hao 'ts'ao.
Weeds 野草 'yé 'ts'ao.
Week 禮拜 'li pai'.
Weep 哭 k'uh,
Weigh 稱 ch'ing'.

Weights 법 碼 fah, ‘ma.
Welcome 迎接 ‚ying tsieh,
Well (s.) 井 ‘tsing.
Well (adv.) 好 ‘hao.
West 西方 ‚si ‚fang.
Wet 濕 shih,
Wet-nurse 奶媽 ‘nai ‘ma.
Whale 鯨魚 ‚k'ing ‚yü.
Wharf 碼頭 ‘ma ‚t'eu.
What? 甚麽 shǎn' ‚mo.
Whatever 不論甚麽 puh, lun' shǎn' ‚mo.
Wheat 麥 meh,
Wheel 車輪 ‚ch'é ‚lun.
Wheel-barrow 車子 ‚ch'é ‘tsz.
When? 幾時 ‘ki ‚shi.
When 之時 ‚chi ‚shi.
Whenever 不論何時 puh, lun' ‚ho ‚shi.
Where? 那裡 ‘na ‘li.
Wherever 不論何處 puh, lun' ‚ho ch'u'.
Whether 或 hwoh,
Which? 那個 ‘na ko'.
While 時 ‚shi.
Whip (s.) 馬鞭 ‘ma ‚pien.

Whip (v.) 鞭打 ˏpien ʽta.
Whirlwind 颴窩風 süen' ˏwo ˏfung.
Whiskers 髯 ˏjan.
Whisper 低低説 ˏti ˏti shwoh, 悄悄的説 ʽtsʽiao ʽtsʽiao tih, shwoh,
Whistle 打哨子 ʽta shao' ʽtsz, 吹哨子 ˏchʽui shao' ʽtsz.
White 白 pŏh,
Whitewash 洒灰水 ʽsha ˏhwui ʽshui.
Who 誰 ˏshui, 那個 'na ko'.
Whole 全 ˏtsʽüen, 攏總 ʽlung ʽtsung.
Whore 娼妓 ˏchʽang kiʼ.
Whose 誰的 ˏshui tih, 那個的 'na ko' tih,
Why 為甚麼 wéi' shăn' ˏmo.
Wick 燈心 ˏtăng ˏsin.
Wicked 惡 ngoh,
Wickerwork 用籐子做的 yung' ˏtʽăng ʽtsz tso' tih,
Wide 寬 ˏkwʽan.
Widow 寡婦 ʽkwa fu'.
Widower 鰥夫 ˏkwan ˏfu.
Wife 妻子 ˏtsʽi ʽtsz.
Wig 假髮 ʽkia fah,

Wild 野 ‛yé.
Wilderness 曠野 kw‛ang' ‛yé.
Will (purpose) 主意 ‛chu i', (testament) 遺書 ͵i ͵shu, (shall) 將 ͵tsiang.
Wilful 固意 ku' i'.
Willing 肯 ‛k‛ăng, 情願 ͵ts‛ing yuen'.
Willingly 甘心 ͵kăn ͵sin.
Willow 柳樹 ‛liu shu', 楊柳 ͵yang ‛liu.
Win 贏 ͵ying, 勝 shing'.
Wind (s.) 風 ͵fung.
Wind (v.) 纏倒 ͵ch‛en ‛tao, 捲 ‛küen, (up a watch) 上鑰匙 ‛shang yoh, ͵shi.
Winding 彎彎曲曲 ͵wan ͵wan k‛üh, k‛üh,
Windpipe 咽喉 ͵yen ͵heu.
Window 窓 ͵chw‛ang, 玻璃門 ͵p‛o ͵li ͵măn.
Wine 酒 ‛tsiu.
Wing 翅膀 ch‛i' ‛pang.
Wink 眨眼睛 chah, ‛yen ͵tsing,
Winter 冬天 ͵tung ͵t‛ien.
Wipe 抹 moh,
Wire 鐵線 t‛ieh, sien'.
Wisdom 智慧 chi' hwui'.
Wish 想 ‛siang, 巴不得 ͵pa puh, teh, 要 yao'.

With 同 ₍t'ung, 和 ₍hwo.
Withdraw 退 t'ui'.
Wither 枯乾 ₍k'u ₍kan, 謝 sié'.
Within 在內 tsai' néi', 裏頭 'li ₍t'eu.
Without 在外 tsai' wai', 外頭 wai' ₍t'eu.
Withstand 敵住 tih, chu', 抵擋 'ti 'tang.
Witness (s.) 証人 ching' ₍jăn, 贓証 ₍tsang ching'.
Witness (v.) 親見 ₍ts'iu kien', (bear) 作見証 tsoh, kien' ching'.
Woe 禍 hwo'.
Wolf 豺狼 ₍ch'ai ₍lang.
Woman 女人 'nü ₍jăn, 婦人 fu' ₍jăn.
Womb 胎 ₍t'ai.
Wonder (s.) 奇事 ₍k'i shi'.
Wonderful 希奇 ₍hi ₍k'i.
Wood 木頭 muh, ₍t'eu, (a) 樹林 shu' ₍lin, (fire-wood) 柴 ₍ch'ai.
Wool 羊毛 ₍yang ₍mao.
Woollen 絨 ₍jung.
Word 言 ₍yeu, 話 hwa', (written) 字 tsz'.
Work (s.) 工夫 ₍kung ₍fu.
Work (v.) 做工夫 tso' ₍kung ₍fu.
Workman 工人 ₍kung ₍jăn.

World　　　　　　　　　　　　　　　　*Write*

World 世界 shi' kiai', (the whole) 普天下 'p'u ͵t'ien hia'.
Worms 蟲 ͵ch'ung, (earth-) 蚯蚓 ͵k'iu 'yin, 蛐蟮 k'üh͵ shen', (intestinal) 蛔 ͵hwui.
Worse 更不好 kăng' puh͵ 'hao.
Worship 拜 pai', 敬 king'.
Worst 頂不好 'ting puh͵ 'hao.
Worsted (thread) 毛線 ͵mao sien', (stockings) 氈襪 ͵chen wah͵
Worth 值 chih͵
Worthy 堪 ͵k'an.
Would 願 yuen', (that) 巴不得 ͵pa puh͵ teh͵
Wound 傷 ͵shang.
Wrap 包起來 ͵pao 'k'i ͵lai.
Wrapper 包袱 ͵pao fuh͵ 包皮 ͵pao ͵p'i.
Wrath 怒 nu'.
Wreck 破船 p'o' ͵chw'en.
Wrestle 爭強比勝 ͵chăng ͵k'iang 'pi shing'.
Wretched 苦 'k'u, 困苦 kw'un' 'k'u.
Wring 扭 'niu, (dry) 扭乾 'niu ͵kan.
Wrinkles 打皺 'ta tseu'.
Wrist 手梗子 'sheu 'kăng 'tsz.
Write 寫字 'sié tsz', (compose) 作 tsoh͵

Wrong 錯 ts'o'.
Wry 歪了 ₍wai 'liao.

Y

Yam 大薯 ta' ₍shn, (Chinese) 山藥 shan, yoh,
Yard (measure) 碼 'ma, (court) 天井 ₍t'ien 'tsing.
Yawn 打呵欠 'ta ₍ho k'ien'.
Year 年 ₍nien, 歲 sui'.
Yeast 酵 kiao'.
Yellow 黃 ₍hwang.
Yes 是的 shi' tih,
Yesterday 昨天 tsoh, ₍t'ien, (the day before) 前天 ₍ts'ien ₍t'ien.
Yet 尚且 shang' 'ts'ié, (not) 未曾 wéi' ₍ts'ŭng.
Yield 讓 jang', (submit) 投降 ₍t'eu ₍hiang.
Yoke 軛 ngoh,
Yolk 蛋黃 tan' ₍hwang.
You 你 'ni, 你們 'ni ₍mŭn.
Young 年輕 ₍nien ₍k'ing, 少年 'shao ₍nien.
Your 你的 'ni tih,

Z

Zealous 發憤 fah, fŭn', 熱心 jeh, ₍sin.
Zenith 天頂 ₍t'ien 'ting.

Zinc 白鉛 poh, ,yuen.
Zodiac 黃道 ,hwang tao', 日道 jeh, tao'.
Zone 帶道 tai' tao'.

www.ingramcontent.com/pod-product-compliance
Lightning Source LLC
Chambersburg PA
CBHW032154160426
43197CB00008B/906